手をつなぎあえる社会に

——子供たちからの警告 III

はじめに

私は、長い間児童・老人の福祉問題にたずさわってきました。私はこれらの問題解決に寄与することもなく、人生を終わろうとしております。虐待、いじめ、孤独死、自殺の増加、世界中が、新型コロナウイルスの感染に脅えているこの時にです。

私は、二〇一九年三月、脳梗塞を患い右手足不自由、発声しづらい状態となりました。左脳細胞の損傷の故か、いささか考える機能も衰え、ますます愚痴っぽくなりました。

そこで過去に書きためた〝老いのくりごと〟をまとめておこうと決心しました。老人のいいため息だと思って、暇な時に読んでみてください。

二〇二〇年五月吉日

厚木の里にて

手をつなぎあえる社会に　――子供たちからの警告Ⅲ　目次

2013

2014

※統計データは執筆当時のものである。

2
0
1
1

お互い寛容になろうよ

ＩＴ時代、子供たちの言葉遣いは、カタカナ語や省略語が多く意味が取れないことがしばしば。古い世代の価値観に抵抗を覚える子供たちは、好んで仲間のみに通じる言葉を多用する。仲間の結束を固める効果もあるようだ。

鉄女、歴女……など新語がどんどん登場する。そして、あっという間に流行する。日本人の先祖は言霊《ことだま》信仰を持っていた、「言霊のさきわう国」であった。それなのに、現代人は言葉を自分にとって都合の良い道具と化してしまった。その代表は、選良たちやマスコミ界の人々の言葉遣いである。演説は棒読み口調、質問も絶叫調。言い間違い、読み違いはご愛敬。だが、言葉尻を捕まえて難癖をつけることに長《た》けている。話し手の言葉に含まれる思想や感情に目を向けないで、人格・役割を否定しかねないほど執拗に攻撃する。

日本語ほど難しい言葉はない。尊敬語、謙譲語、丁寧語、……など、時、ところ、相手によって言葉を選ばねばならない。それに、主語を省略する習慣がある。そこで聞き間違いがおきてしまう。だから、相手の身になって、言葉を選び選び話すことが大切なのだ。

現代人の個人中心主義の欠点は、相手の言葉遣いに寛容でないことだ。自己及び党利党略のために言い間違いさえ悪用する。言葉尻、言い間違いを契機に人格否定、能力否定するまで攻撃が加えられる。攻撃の動機は明々白々だ。戦前派は「言葉狩り」の恐ろしさを知っている。お互い、もっと相互の立場・人権を尊重し、言葉遣いに寛容になろうよ！

良寛は、「言葉はすべておしみおしみいうべし、いいたらぬことは又つぎてもいうべし」（良寛「戒語」）と言っている。

家族の絆

最近話題の記録映画「ちづる」を観た。この作品は、大学生である監督自身の卒業制作に、重度の知的障害と自閉症をもった妹とその母を一年にわたって撮り続けた記録映画である。見終わった後の優しい家族愛に感動した。この優しさは、母と兄相互の苦しく激しい感情的葛藤の衝突の末に生まれたものであろうと思う。兄は、障害をもつ妹と、彼女を懸命に養育する母とに長い間正面から向き合えなかったのだ。画面上で、己と妹の将来を巡って、母と感情的に激高、対立する場面があった。想像に難くない場面である。

この映画を観ながら、ある重度の知的障害児を抱えた家族が想い出された。未だ、障害児の福祉・教育が充実しておらず、障害に対する偏見・差別もひどかった時代である。母親の将来に対する絶望的な不安を救ったのは、高校球児で勇名をはせ、大学生となった長男の「妹の世話は俺が生涯みるから」の一言であった。母親のうれしそうな表情を忘れることができない。しかし不運にも、長男は日米大学対抗試合の折り、二塁上で頭蓋に送球を受け、それがもとで死亡してしまった。

家族が障害児をかかえるということは、己と社会の偏見・差別と闘うことでもある。障害児をもつ家族が優しい家族愛を形成する前に、社会から「障害児」とレッテルをはられ、「療育」という重荷を背負わされ、きょうだいには「いじめ」の災難まで背負い込ませる。

社会が障害の有無にかかわらず、どこまでひとりの子供の生命・人権を大切に福祉・教育的支援を用意するか、それなくして家族の絆を築くことは難しい。

投書

新聞の読者欄に高校生（十七）の投書が掲載されていた。「ヤジや居眠り横行、国会中継見て失望」の見出しに、未来に絶望感を持った若者の心情が綴られていた。

「答弁中、ヤジが飛び、雰囲気が悪い……寝ている人」もいる態度の悪さ。「全力で国のために努力していると思っていた……その考えが違っていたようで残念です。……まず国会の態度から変えてもらいたい」と結ばれていた。同じ国会中継を見て、「言葉が暴力的、もう政治にうんざり」と嘆く高齢者。民主主義国家の主人公としてはやや無責任な発言だが。

国会は、一人の若者と高齢者に未来への失望と不信を感じさせたことだけでも落第である。ただ、若者の「態度から変えて」との提言は特筆大書に値する。

政治は、ファシズムの時代と異なり、権力奪取の闘争であってはならない。ことに我が国の憲法は自由と平和、国際貢献の理念のもと、権力の行使にあたっては国民の福利をめざすことを人類普遍の原理としている。それなのに権力闘争の場と勘違いしている政治家がなんと多いことか。暴力的な恐ろしい顔、汚いヤジ、揚げ足取り、誹謗、答弁書の棒読み、読み違い等々「言葉の力」のこもらない言葉の乱舞は、政治の理念や目的、道徳を逸脱している証拠である。

若者を失望させた政治家の態度は、大人たちの政治不信や主権者としての無責任が招いた結果に違いない。人間の尊厳と人権の尊重、政治に関心と責任を持つことを若者たちに教えないと、この国は、世界の笑いものに堕しかねない。

近づいてきた人権週間

今年もあと二カ月。人権週間が間近に迫ってきた。熱しやすく冷めやすいかと思うと、羹《あつもの》に懲りて膾《なます》を吹く日本人の性癖のために、何事も持続しない。だから、××週間、〇〇週間の類は絶対に欠かせない。なかでも、人権問題に関心の薄い日本人にとって、この啓発活動はもっとも大切だ。

最近、多数の国民は、権力を欲しいままにする政治家や官僚、科学者、マスコミに対して信頼を寄せなくなった。普段は自己中心的に活動しているが、一旦緩急の際には懸命に助け合う気概が湧く。阪神・淡路大震災を機に、ボランティア活動が活発化し、今回の東日本大震災に際しては、善意の輪はさらに拡大した。時には、「伊達直人」の義挙に象徴されるような、慈愛心が急激に高まったりもする。憤ることなく怠けず励む性癖が、己を勇気づけ自信となっているためか、国民の幸福に目を向けない権力者に腹を立てず無視してしまう。参政権の低率はその証拠だ。

フランスの一高齢者（元レジスタンスの闘士・外交官）の著作「怒れ！　憤れ！」*が注目を集めている。不正・不徳に対して怒りを忘れた日本人には、頂門の一針となるに違いない。権力者の不正や不徳に怒りを忘れては、人権啓発を如何に叫んでも虚しい。倫理・道徳感情が薄れた今、生命・幸福を奪うほどの虐待、暴力が、家庭を襲うと危惧される。世界の低位にあるグローバル・ジェンダー・ギャップ指数（世界経済フォーラムの算出による）に憤りを以て底上げするのも一法だ。慈愛心をさらに醸成するためにも。

＊ステファン・エセル（一九一七〜二〇一三）強制収容所生還者、フランス・レジスタンスメンバー、外交官、作家。「怒れ！　憤れ！」は四五〇万部売れた。

家庭的養護

深刻化する児童虐待、その結果、児童相談所一時保護所も児童養護施設も常時満杯である。親の虐待によって心的外傷を負った入所児童の養護は、子供らを養育する保育士・児童指導員等にとって神経の休まる時とてないであろう。

恐らく、その施設の養育者も家庭的養護を最も心がけていよう。親の愛情に欠けた子供らの心身の成長と安定にとって、それが一番必要だからだ。それにしては、施設の養護環境は貧弱である。人手も不足しているし、生活する空間も狭く、子供の人権が積極的に守られているとは言い難い。ことに児童養護施設の設置基準は前近代的といってよいくらいだ。心的外傷を負った多数の子供らを抱えての家庭的養護は困難を極める。この実情改善に国はやっと重い腰を上げようとしている。

家庭的養護をのぞむなら、諸外国のように里親家庭が理想的だが、日本人は習俗として里親制度がなかなか進展しない。実親も里親家庭で養育されるのを嫌うし、里親希望者も少ないのが現状である。

こうした現状を見聞きするたびに、我が国感化教育の先駆者留岡幸助（一八六四〜一九三四）を思い出す。キリスト者であった留岡は、監獄教誨《きょうかい》師の職を辞し、米国の感化事業などを学び東京巣鴨に「家庭学校」を創設（一八九九）、愛情飢餓と教育上の欠陥を背負う児童に対し、文字通りの家庭的養護の実践と学校教育の強化、感化法の制定（一九〇〇）に尽力した。施設名の由来はここにある。

児童福祉の先人の努力を偲びながら、幸薄い子供らに良い環境を一日も早く用意し、養育担当者の労に報いたいものだ。

歴史の明と暗

横浜は、開港百五十周年で沸いている。幕末、徳川幕府は外国の武力に驚倒し、植民地化を恐れてついに開国に踏み切った。外圧に屈し横浜、長崎、函館の三港を開港したのだ。開国を推し進めたのは、時の大老井伊直弼《なおすけ》であった。井伊は、開国に反対する者たちを強権をもって弾圧した（安政の大獄）ことで知られる人物だ。大老に就任して二年後、安政七（一八六〇）年三月、攘夷派の水戸・薩摩浪士らによって桜田門外で暗殺されてしまう。その後権威失墜した幕府は、政権を投げ出す。政権を力づくで打倒した明治新政府は、富国強兵・文明開化政策を強力に推し進めることになる。この政策の影で泣かされたのは現代同様、社会的弱者の子供たちだった。幕末から明治初年にかけてどれだけの子供たちが、また女たちが福祉から阻害されてきたか、日本の歴史はあまり教えない。臭いものに蓋をする権力者の常套手段が見え隠れする。

歴史を振り返ると明るい面より暗い面のほうが多い。人々は、その暗さを教訓にして明るい方へと歩いてきたに違いない。横浜市西区にくらやみ坂という名前の坂がある。この坂の名称は、この近くに牢屋敷が設置されていた、樹木が繁り真昼でも真っ暗だった、坂を上りきったときの眺望が素晴らしくしばし馬を止めて眺めた（鞍《くら》止め）に由来する。

開港時、幕府は、横浜に居住する外国人（開村して間もない横浜の人口の一〇％を占めていたという）のために遊郭を建て、多くの娼妓を彼らの人身御供に供した。結果、娼妓らの産んだ子供（横浜長者町の医師の覚書によると数百名はいたという）の始末に困った役所は、くらやみ坂の牢屋敷に子供らを収容し、囚人として使役したとの伝説が後に残された（古川愛哲「江戸の歴史は大正時代にねじ曲げられた」）。大戦後の浮浪児、慰安婦問題を想起すればよいと思う。そして、文明開化を推し進めるさなか、竣工した橋の袂《たもと》に四人の子供を人柱*として埋めたというのだ。明治六（一八七三）年前後のできごとだ。

伝説は、時に誇大的で残酷でさえある。しかし、その誇張された中の一％に真実が隠されているように思えるのだが。ちなみに、近くの「お三の宮」（日枝神社）には人柱伝説（十七世紀*）が残されている。この神社の由来の一つに、難航する新田開発の成功を祈願して自ら人柱に立った婦人がいたというのがある。

くらやみ坂に残された人柱伝説を姥《うば》捨て伝説同様、古代から引き継いできた庶民の悲壮な空想話と封じ込めてよいものかどうか。人柱伝説が密かに語られる中に、歴史の暗部が覗いているように思うのだが。権力は、時に社会的弱者に対し冷たい仕打ちをすることがある。戦前、多くの若い女性が苦界に身を沈め苦悩したこと、欠食に泣いた多くの子供たちがいたことを忘れてはなるまい。現代の児童虐待、高齢者虐待の増加が国民の道徳的退廃によると嘆く前に、驕《おご》りと無責任を棚上げして社会的弱者に自立と自己責任を押しつける権力側の現実をしっかり見つめたいものだ。歴史の暗い部分に目をそらすことなくしっかり見据えて、国の将来の方向を見定めることも大事だと思う。

＊南方熊楠「人柱伝説」。

いじめの森

「いじめ――黙っていては、何も変わらない――」（著者・亀山直穂、瀬野哲、編者・永田実）と題する小冊子が届いた。二人のいじめられた体験者の親、教師、いじめた者たちへのメッセージであり、教育改革提唱の著作でもある。著者の一人は、三十年前、一人は二十年前のいじめられた体験をなまなましく、まるで昨日の出来事のように傷心を語っている。前者はいじめられっ子からいじめっ子に変貌を遂げた体験を持つ。動機はいじめっ子への報復と弱者をかばう屈折した正義感からである。後者は、教師の心ない一言に傷つき、いじめっ子に対し殺意や自殺を考えたりもした。が、さまざまな人との出会いを通じて、他者への共感を育てていった。この書は、二人の苦悩をいかに克服したかの心の軌跡の記録でもある。一読して、思春期に受けた心の傷と心の居場所の喪失は、生涯を通じ癒されることのないほどの痛手を負っていることを痛切に思い知らされた。養育・教育に携わる者の子供の心への無関心・無自覚・無責任がいかに罪深いものであるかを今更のように思わずにはいられない。

三十年前、校内・家庭内暴力問題が噴出し、大きな社会問題となった。その後、暴力問題は一見沈静化したかのように思われたが、暴力は形を変えて子供たちを襲いはじめた。今度は、大人からは見えにくい暴力のウイルスが増殖をはじめ、いじめ・自殺、不登校問題として現れだした。まさに、いじめの森の出現である。大人はさまざまな防止対策を講じ、あたかも緑豊かな森で子供たちを保護しようとしたが、いじめはこの森の中でも巧妙化・残忍さを増し深刻化するばかりとなった。かくて対応策も対症療法の域を出ていないのが現状だ。これは、いじめの原因に対する的確な認識を欠いていたためだと思う。いじめは、心身の発達途上で起こる通過儀礼でもましてや本能によるものでもない。現代の「いじめ」は、暴力・非行・犯罪行動の異型であったのだ。それは、いじめる側に精神・身体に対する明確な差別・排斥、傷害意図が存在しているからである。だからいじめられる子を保護すると同時に、いじめる側の攻撃的な心理がなぜ起きたのかを問い、彼らの荒れた心を救助してやらなければならない。それを、大人たちは「いじめ」と安易に解釈し、いじめられる子供の苦悩といじめる側の子供の心理を冷淡にも見過ごしてきた。もし、いじめられる子供の苦悩やいじめる子供の攻撃的心理に気づきながら何の対応もしなかったとしたら、己の児童保護・注意義務怠慢の誹《そし》りを免れようとした自己保身の性《さが》によろう。悲しいことに、なかには暴力側にくみする大人もいたほどである。いじめられ、ひとり苦悩する子供の心に寄り添うことさえしない大人のなんと多いことか。嘆かわしい限りだ。

この暴力発生の背景には、戦後六十年、恒久の平和を念願し平和のうちに生存する権利を有し戦争を放棄してきた日本人に、いつの間にか暴力のエネルギーが蓄積、蔓延したことが考えられる。モノ、カネ、効率優先の思想は格差社会を生み、欲求不満・攻撃のムードを亢進させていった。まず、家庭や学校の中を暴力が蹂躙《じゅうりん》しだした。ドメスティックバイオレンス、家庭内離婚、いじめなどの社会現象に暴力の影を見ることができる。今の国情は、一九三〇年代の戦争に突き進んでいった時代に酷似している。その当時、一部の軍人は、国防は「たたかいは創造の父、文化の母」(「陸軍パンフレット」一九三四)、国家発展の基本的活力作用であると、この活力が最大限に発揮できるよう国家社会が組織運営することが国防策の目的だと主張した。戦争という暴力を礼賛、軍備拡張を阻止する政治家、財界人、個人主義思想を害悪の根源と忌み嫌った。かくて、日本は長い戦争の道を歩むこととなる。そして現代、隣国の核の脅威に備えて徐々に軍備増強ムードが高まっている。国防を軍事力強化でとの発想の根っこには、暴力容認の潜在的心理がひそんでいる。それに加えて、経済格差増大による不満、不安、攻撃の感情、欲求を高めている。大人の世界のこのムードが子供たちの世界に影響しないわけがない。この三十年、大人を見習って子供たちも欲求不満を暴力で解消することを模倣学習してきたことは間違いない。しかも、大人たちは子供の暴力に的確に対応できず、対策も彌縫《びほう》策の域をでることはなかった。いじめに苦しむ子供たちは増加の一途をたどっていた。しかし一方では、地道な歩みを続ける公立学校指導学級、フリースクールなど民間機関の学校には現状打破の兆しが見て取れる。この小冊子の二人もこの学びの場で苦悩を克服できた。この学びの場は子供の心を批判することなく、ましてや拒否・排斥することなく、あるがままに彼らの思考・感情を受容し、安心と信頼で新しい真の仲間・教師関係を結んでいる。養育・教育の原点はここにある。

今の日本の国家、家庭、学校、近隣社会には、暴力のウイルスが異常に繁殖し、児童・高齢者虐待、家庭内暴力がはびこり、子供への愛を忘れた、まるでオアシスなき砂漠のような生育環境になりつつある。子供の個性を尊重し、感情やニーズを受容し支持する機能の不全がいじめの根っこにあることを確認し、愛護の心の満ち溢れた居場所を用意すること、子供の苦悩のサインを敏感に感受できる、受容の森をつくってあげることが今最も大切なこととあらためて思う。

日米開戦七十年

私は十一歳時、天皇、国家のために特攻兵となって救国しようと覚悟を固めていた。新聞、ラジオ、東京大空襲から得た情報で、日本は負けると思ったから、特攻隊に志願せねばならないと必死だった。それなのに、八月十五日、意味難解な玉音放送、大人からどうやら戦争に負けたらしいと知らされ、次に取った行動は、北国の空と海の青さに解放感を満喫していたのだ。そして、天皇のために死ぬ覚悟をした自分を恥ずかしく感じた。

先日、「水木しげるの戦争と新聞報道」展を見た。開戦を告げる大本営発表、宣戦布告を報じる新聞記事、あの頃は間違いなく「血沸き肉躍る」思いであった。しかし、山本五十六の戦死、アッツ島の玉砕を知るに及んで、「日本は負ける」と直感した。が、大人たちは神風が吹いて必ず勝つ、「負ける」と絶対口外せぬよう叱責された。

当時の日本人は、熱病にかかっていたのであろう。大局的に物事を観る目を失っていた。戦後、ガダルカナル島帰還兵の凄絶な話、大陸での日本兵の残虐行為（出征兵士の撮った写真）を知り、当時の日本人の心の闇を知った。何と無謀で、残虐な心を持つ日本人であったことか。水木漫画には、戦争の不条理、死の恐怖と闘う日本人が活写されていた。

日本の美しい風土は、妖怪の存在を感じさせる気配を持っている。日本人の心の繊細さを物語るものであろう。自然と一体となって物事を感覚する能力でもある。しかし、反面大局的に物事を判断する能力に欠けるのかもしれない。現代の日本は、アメリカの圧力（「カベ妖怪」に匹敵）に被害的で退嬰《たいえい》的、内向き思考にとらわれ脅えている。開戦前夜の戦《おのの》きにどこか似ていないか。

もっと子供の心に寄り添おう

また痛ましい事件が発生した。十一月末、富山県射水市の中学二年生男子が自宅で首つり自殺を遂げた。新聞報道によると、遺書はなかったが、学校も保護者もいじめを把握していた。学校は実態調査を実施し、いじめ生徒の保護者とも面談していた。後日、父親は自殺の動機を「自分に対するコンプレックス」によるとの手記を発表した。

悲劇的なニュースを聞く度に、大人がいじめや学業成績に苦悩する子供の心に寄り添っていないのを悲しく思う。思春期の最も指導の難しい年頃では、なおのこと苦悩する心に寄り添う必要がある。

今回も、複数の生徒による嫌がらせが一年時からあったという。性格のおとなしい生徒であったから、いじめが執拗に繰り返されたのだろう。恐らく、自殺の原因は、いじめやコンプレックスなど複合したものに違いない。いずれにしろ、スクールカウンセラー制度が活かされなかったことは残念だ。子供の苦悩を救うには、①定期的な実態調査と個別面談の実施、②学校、保護者の強固な連絡態勢、③校内外に、スクールカウンセラーなど組織的な相談援助体制の整備が不可欠だ。

命の大切さの教育は当然として、それ以前に、教師や親が子供の心に寄り添う努力が必要だ。また、十三年連続、年間三万人以上の自殺者を出している責任を、国も地方も厳しく自省せねばなるまい。自殺防止対策協議などに税金を使うぐらいなら、まずスクールカウンセラーの全校配置を急ぎ、子供の命を救ってあげたいものだ。

2
0
1
2

震災・津波復興――子供たちからの政策提言

この度の東日本大震災は、宿命的な自然災害と、放射能汚染による未曾有の災害であった。後者は予見可能で、防災を怠った人災と断定してよいであろう。世界で唯一の被爆国、しかも地震・津波が多発する、使用済み核燃料の管理もおぼつかない狭い島国。安全神話を吹聴し、金儲けに邁進した向こう見ずな日本人。子供たちに、莫大な借金と放射線の脅威を遺産として残した大人の罪は重い。

災害復興に当たって、それぞれの自治体は、策定する復興計画に、子供たちの意見を反映させようと努力している。東北子どもまちづくりサミットによる「夢まちプラン」のコンセプトと政策提言が公表されている。

それによると、子供たちの心が痛いほど伝わってくる。石巻市の子供たちの政策提言のコンセプトは、大人も子供も過ごしやすい、古いものと新しいものがロックンロールする町。政策は、住民の避難、産業被害に遭ったときの事前準備を。山田町の子供たちは、町の特産品や伝統の祭りの紹介、賑やかな活気のある皆が集える場所づくり。姉妹都市のオランダとの交流、風力発電できる風車をつくりたいと。

子供たちは、日本の美しく豊かな自然、その自然と共存した、さらに伝統を活かした、大人も子供も伸び伸びと活動できる活気あるまちづくりを望んでいる。自然の脅威と放射能恐怖が子供の心をいかに委縮させたか、大人に反省を迫っている。私たちは、物欲中心の政策から豊かな心中心の政策へ転換することを子供たちに誓うべきであろう。

急ぎたい少子化対策

総務省の発表によると、子供の人口が三十一年連続で減少しているという。しかも、全人口に占める割合が一三・〇％と世界の主要二七カ国中最低水準だ。この結果から見ると、過去の少子化対策が効果的でなかったことが推測される。

我が国の政治家の悪い慣例は、国家非常時問題の抜本的解決を図る時、政策理念と実現戦略について国民に徹底した啓発努力と審議努力が足りないことだ。国会は、年金、医療、介護、教育、保育、雇用などから、原発や東北災害復興対策に至る主要政策を、審議拒否をはじめ政局の具にしてしまい、国家・国民の福祉実現を遅らせてしまうことにある。

保育所待機児童解消対策がよい例だ。保育が足りないと事業が伸展しないのだ。原因は、とうの昔に分かっていた。長い労働時間、低い賃金。潜在保育士が百余万人いるのに。国家繁栄の基礎は民生の安定、つまり家庭生活の安定と活力が基本だ。経済の持続的な繁栄の維持には、若年人口の減少を補完するために、今後一層女性と高齢者の勤労は不可欠である。また、女性の社会的参加も国家の繁栄に欠かせない。我々は、戦後復興に努力した結果、未曾有の豊かな物質的生活を享受できた。しかし、気づいてみたら贅沢三昧と精神の貧困の双子が生まれてしまった。おそらく共生・協力・共感など精神面の欠落が招いた結果と断定してよいだろう。悪しき自由主義・個人主義の跋扈《ばっこ》だ。

今、日本人に必要なのは、少しずつ贅沢を止め、分かち合う精神の粋を見せるときではなかろうか。

渡辺崋山の「愼機論」

我が国は、今、内憂外患に苦しみ、人倫は地に落ちかかっている。このとき、自然災害によって相互扶助の精神が息を吹き返した。一七〇年前、江戸時代末期、渡辺崋山《かざん》は国と藩の状況を憂いていた。まさに、内憂外患の時代であった。崋山は、小藩の出身。天保三（一八三二）年、年寄役末席に起用され、海防係を兼務。この頃より蘭学に取り組み、海外事情を学び始める。また、家計を助けるため洋画家を志向もした。やがて、幕府の施策や文教批判のかどで高野長英等と共に囚われ（蛮社《ばんしゃ》の獄）、蟄居《ちっきょ》、天保十二（一八四一）年自刃《じじん》した。

崋山の手稿「愼機論」「遺書」その他を読む度に、彼の生き様が胸を打つ。崋山の生きた時代は、天変地異・飢饉《ききん》、一揆・打ち壊し、外国船の来航と内憂の極にあった。幕府は瓦解寸前、鎖国の内向き政策では外患を払拭できない状況にあった。現代日本の危機的様相とどこか似通っている。

このとき、崋山は「凡そ政は拠る所に立ち、禍は安んずる所に生ず。今国家拠る所のものは海、安んずる所のものは外患、一旦恃《た》のむべきもの、恃のむべからざれば、安んずべきもの、安んずべからず。然るに安堵して徒《いたずら》に太平を唱ふるは、固より論なし」と、「愼機論」にしたためた。公刊したものではないが、漂流民を護送して渡来する英船に対し、幕府が打ち払うとの噂を知って反論したのである。

彼の凄さは、藩に忠、親に孝、義に殉じたところにある。現代の自己中日本人が歯牙にも掛けない忠・孝・義の葛藤に苦悩した。少し見習いたいものだ。

虐待専門員制度の新設

深刻化する児童虐待対策として、国は、来年度から小児救急病院に虐待専門の職員配置を促す新しい制度を設置するという。専門職員には医療ケースワーカーや社会福祉士などを充てる構想だ。

最近、児童虐待の早期発見・早期対応が困難を極めている。児童相談所や小児病院は、早期に虐待の事実を直接の相談や診療によって、早期発見・早期対応がしやすい立場にありながら、業務の繁忙の故に対応が遅れ、虐待死を招く悲劇的な事件がしばしば起きている。こうした不幸な事件を教訓に、虐待を見逃さないしっかりした体制づくりが求められている。

かつて、児童虐待防止法制定以前、小児病院の外科医師によって虐待（数度に及ぶ骨折）を通告され、悲惨な結果を回避できた体験がある。また、医師の症例研究から教訓や啓発を受けたこともあった。身体的傷害や養育放棄による虐待の発見は、医療機関が当然早く確実だ。日頃から、医療機関と児童相談所などの機関連携、専門職員間の連携がとれていれば、早期発見・早期対応は可能である。課題は、人手不足からきた虐待の判断・対応の難しさや、専門職員間の機関内・機関外におけるチームワークのとりにくさにある。とりわけ、機関連携は難しい。むしろ、専門家同士の日頃の結びつきが重要だ。そのパイプを繋げる適任者は、ソーシャルワークの専門家である。

この制度の新設によって、多くの子供たちが虐待から救われることを期待したい。そのためには、果断な政策実行が望ましい。

性急で後ろ向きの日本人

我々日本人は、勤勉ではあるが枝葉末節にこだわり、大所高所に立って決断できない。外圧に弱く自己の信念・意見を主張できない。成り行きまかせなところもある。よい意見や政策も、その実現に先の見通し、過去の教訓を活かすことがないからだ。国民が最も憂慮する少子高齢社会の懸念を払拭する政策、例えば、年金・介護・医療・幼保一体化・再生エネルギー・TPP・新カリキュラム（武道導入）など、どれをとっても、将来構想が脆弱で、過去から教訓を学ぶ姿勢に欠けている。

それでも国民は、教育・科学技術に自信を持ち、物質的経済的繁栄が精神的豊かさと国際貢献できると信じてここまできた。党利党略に明け暮れる政治家、既得権益に執着する官僚のつくった莫大な借金に辟易しながら、懸命に働いてきた。過酷な超過勤務を厭《いと》わずに。とにかく、日本人の勤勉性がこの国を支えてきたのだ。しかし、その結果は精神の貧しさを生み、虐待・いじめ・自殺・麻薬・覚醒剤依存症・精神障害・孤独と孤独死の不幸を招いてしまった。

もうこのへんで、少子高齢・人口減少問題をしっかり見据え、大所高所にたった国づくりを構想しないと、世界の落伍者となろう。何をおいても基本は人づくりだ。保育と教育の一体化理念を国民総意の下に共有するところから出発することだ。政府の掲げる「子ども・子育て新システム」の実現まで、政策の理念、財源を含めて国民的議論を深めたい。

だが、家庭の生活安定なくして国家の発展はない。保育所待機児童の解消と育児手当の支給は待ったなしの喫緊の課題だ。果断に実行し新システムへ繋げることが肝要だ。

死刑確定

最高裁は、光市母子殺害事件*の被告に対し死刑確定の判決を出した。判決の要旨は、「被害者らの尊厳を踏みにじり、生命を奪い去った犯行は、冷酷、残虐にして非人間的所業……酌むべき事情を考慮しても、被告の刑事責任は重大……死刑は是認せざるを得ない」だった。

被告は、犯行当時十八歳一カ月、高校を卒業したばかりの少年であった。「精神的成熟度が相当程度に低かった……成長する可能性がある……控訴審判決を破棄しなければ、著しく正義に反する」と、判決に反対した裁判官や識者がいた。

この裁判では、「正義とは何か」が改めて問われた。十八歳を超えた精神的に未熟な少年による冷酷、非道な行為に対し死刑判決を出すことで社会正義が全うされるか否かだ。

少年の非行行為に対しては、骨身に染みるよう厳しく叱り、罰を与えることを教育上避けてはいけないことだ。しかし、最近の日本は、法や道徳を守らない傾向にある。政官財界人の法令無視は目に余るものがある。こんな不正義がまかり通る社会が、少年による残酷、非道な行為を生む温床となっているに違いない。

残酷、非道な少年犯罪をなくすためにどんな手立てが必要か、真摯に考える時だ。良寛さんはこんなことを言っている。「不幸な人、孤独な人……重罪人に対したとき之《これ》を救護しなさい。救護することができなかったら、驕慢《きようまん》の心、厭悪《えんお》の心を起こしてはいけない、急ぎ痛み悲しむ心を起こしなさい」と。少年の非行に対しても常にこの心がけをもって、指導・援助にあたることが大切である。

＊平成十一（一九九九）年四月十四日、山口県光市に発生した凶悪犯罪事件。

子供と災害

また悲しい事故が起きてしまった。三月十九日午後〇時頃、マンションの外壁に組まれていた鉄製の足場が強風で倒れ、通行中の二二人の保育園児と二人の保育士を直撃するという事故が発生した。六歳男児一人が死亡、一人が重傷を負う惨事となった。

最近、よく見かける風景に、大勢の保育園児が保育士に引率され、近くの公園に向かう姿がある。その行列は何ともほほえましい。保育士が前後をしっかり監視、安全を確認している姿も頼もしい。外気浴と戸外運動は健康保持に絶対と言ってよいほど欠かせないものだ。

しかるに、周辺の大人たちは安全管理に無頓着な者が多い。今回の事故も業務上過失致死の容疑がかけられている。学校においてもしばしば運動用具の固定を忘れ、悲惨な事故が起きている。用水池の防護柵管理が杜撰《ずさん》なことから幼い命が奪われることもしばしば見聞きする。念には念を入れた安全管理・点検は児童愛護の上から決して欠かしてはならない。

三・一一の東日本大震災時、宮城県石巻市立大川小学校の事例は何とも痛ましい。地震・津波の際の避難誘導の不徹底が惨事を大きくした。校庭に児童・教員を五十分近くも待機させた指導者の、災害軽視か優柔不断ともいえる判断は、痛恨の極みだ。何故、裏山に避難しなかったのか理解に苦しむ。リーダーの児童愛護精神の弱さを感じる。一方、岩手県釜石市では、一人ひとりが判断して高台に逃げる「津波てんでんこ」の教えで、児童の犠牲を出さなかったという。

児童愛護の精神を大人たちにしっかり植えつけないと、少子高齢社会を乗り越えることはできまい。

日本人の食文化

戦後六十五年、日本人の食生活は驚くほどの変化を遂げた。テレビでは、まさに美味・飽食を謳歌《おうか》していると言ってよい。勤勉に働き豊かな経済国家を築いたのだから、生活をエンジョイするのは当然と、いささか驕《おご》りともいえる態度で食べ尽くす。日本人の特性であった慎み深さは、どこへ行ったのだろう。一粒の米も大切に、食事作法を身につけ、その上飢餓に苦しんだ戦前派にとっては座視できない現象だ。

日本では、明治に入るまで一般には、牛・馬・豚などの肉食料理を忌避する風習があった。精進料理は寺院から始まり、現在では、健康食として好まれている。しかし、寺院では修行僧に、人格完成を目指した厳しい戒律が設けられ、一日、朝、昼二食、一汁一菜の食事作法が求められていた。ことに、曹洞宗では開祖道元の「典座教訓《てんぞきょうくん》」「赴粥飯法《ふしゅくはんぽう》」によった修行＝食事が行われていた。中国禅に範をとったこの二書を読むと、戦前の日本人の食事作法・習慣に影響を及ぼしたことが分かる。各自の人格完成をめざし、自然の恵み・労作に感謝しつつ食べた昔が懐かしい。ＮＨＫ朝ドラの食事風景がその見本である。食事行動を見れば、その国民の品格が分かる。

日本人は、終戦後、過去の良いモノ、優れたモノまで古臭いと捨ててしまった。現代っ子の食事行動は何とも無様だ。箸の使い方一つ見れば歴然である。食事中、頭髪に触る女子の何と多いことか。食べ残しの量は異様なほどである。そして、私利ばかり主張し、利他を忘れている。せめて、世界の飢えた子供に思いをはせられる子供に育成したいものだ。

法令無視を許すな

最近の日本人は、法令や道徳を公然と破り平然としている。政官財界人から、青少年に至るまで自由勝手に振る舞って、反省するところがない。これらを順守しているのは幼い子供たちである。その子供たちを無残に殺傷、虐待する事件が後を絶たない。日本人の正義感はどこへ行ったのだろうか。

四月末、京都府亀岡市の事件はあまりにも悲劇的であった。集団登校中の小学生の列に軽自動車が突っ込み、一〇人の死傷者を出した。死者の中には、付き添っていた妊娠中の若い母親もいた。車には大学生、専門学校生など十八歳少年三人が乗っており、事故の原因は、運転していた少年による居眠り運転であった。驚いたことに、彼らは無免許で一晩中運転を楽しんでいたというのだ。最近、こうした類似の事故がたびたび発生している。てんかんの病気があり、医師から運転しないよう止められていたにもかかわらず、悲劇的結末を招いた事故が起きていた矢先の出来事であった。危険いっぱいの狭い道路、立派な高速道路をつくる税金があったならば、ガードレールや安全な登校路を確保するぐらい朝飯前であったろうに。悔やまれてならない。

審議拒否を叫ぶ野党議員、法令順守しない財界人、自家薬籠中の如く法令を解釈し税金を使う政治家・官僚、いじめ・暴力・暴走を平然と犯す少年、麻薬覚醒剤の虜《とりこ》となった青壮年者などなど、法令・道徳を守らない人間が跋扈《ばっこ》しだした。由々しき事態だ。

日本人は、自由を勝手気まま、法令・道徳は破られるのが当たり前とはき違えているのではなかろうか。大人たちこそ、道徳教育が必要だ。

祖母殺害

数十年前、川崎市で二浪中の青年が、就寝中の両親を金属バットで殺害する事件*があった。殺害の動機は、浪人中の憂さ晴らしに父親の金を盗み、飲酒したことで「この犬、出て行け」と強く叱責されたことにある。殺害後、強盗の侵入を装う工作をしている。日頃、優秀な兄と比較され、鬱憤が蓄積されていたようだ。日頃、父親の暴言から彼を庇《かば》ってくれた母親にまで手を掛けてしまったのだ。

千葉県山武市で発生した高校一年生の祖母殺害事件が、こんな過去の事件を思い起こさせた。供述によると、祖母から金を盗んだと嫌疑されたのに興奮、階下の台所の包丁が目に入ったとき殺意が生じ、就寝中の祖母を殺害、強盗侵入工作をした。真面目でおとなしく、礼儀正しい少年だったという。

ネット上に、前記性向の孫を「ドロボー呼ばわりした祖母が悪い、殺されてもしょうがない」の意見が載っていた。この書き込みに学者一家に起きた高校生による祖母殺害事件を思い起こした。

この少年は、彼の将来を心配し過度に干渉する祖母を憎み殺害**、後、投身自殺を遂げた。識者の中に祖母は殺される理由があった、と少年に同情した。母親は、手記「還らぬ息子　泉へ」の中で息子に生命を与えたが、生命を育むことを怠ったと厳しく自責した。また、誰にも殺される理由を持つ者などいない。殺される者にも愛し愛される人がいるに違いない。「しょうがない」といって、殺害を正当化する前に、生命の尊厳を思い起こし、興奮を抑制できる子供に育成する必要を強く感じる今日この頃だ。

＊昭和五十五（一九八〇）年十一月二十九日に発生した、金属バットによる両親殺害事件。二十歳の二浪青年による凄惨な事件であった。

＊＊昭和五十四（一九七九）年年一月十四日東京世田谷で起きた高校一年生による祖母殺害事件。少年の家族は学者一家として知られていた。少年は大量の遺書を残し飛び降り自殺を遂げている。

育児不安・虐待・殺害

勝麟太郎《りんたろう》の父小吉《こきち》の子への愛情は、凄絶というほかない。麟太郎九歳時、稽古に行く路にて、「病犬の出合てきん玉をくわれた」「其晩から水をあびて、金比羅へ毎晩はだか参りをして、祈った。始終おれがだいて寝て、外の者には手を付けさせぬ」、近所の者が「子を犬に喰われて、気が違った」（勝小吉「夢酔独言」）と言われるぐらい懸命に介護した。

江戸期の父親は結構子煩悩で、教育熱心であったようだ。その背景には、同族や近隣の住民との良好な人間関係があったことが推測される。現代の如き砂漠のような無縁社会ではない。子育て不安も、長屋の井戸端会議で吹っ飛ばしていたのではないか。

育児不安から無理心中を図った事件（横浜市）が報じられた。幸信君（三）が母親（四十二）によって殺害された。彼女は自殺直前、長男（十五）に「二人で死ぬことに決めました。ごめんね」と送信している。子育ての悩み、将来を悲観したメモが残されていた。母親は、昨年十二月「よこはま子ども虐待ホットライン」に電話で相談している。虐待しかねないほどの心労が推測される。担当の児童相談所は、市のマニュアル「虐待防止ハンドブック」により、「現在、虐待は認められないが、状況の変化で虐待に発展する可能性が強く疑われる」と判断したが、五カ月間家庭訪問さえしていなかったというのだ。

同市の平成二十一（二〇〇九）年の虐待対応件数は、過去最高を記録し対応に苦慮していたのだろうか。幸信君が哀れでならない。また、父親はどうしていたのだろう。勝小吉ほどの子供への思いが現代人から失せ始めていることを危惧する。

日本の男たち

現代日本の男たちは懐古趣味者が多いようだ。そして、「サムライ」に憧れている。「侍・ジャパン」を筆頭に、なにかと「サムライ」を冠につけたがる。「サムライ」と呪文のように叫ぶと、清廉、忍耐、闘志、勇気、惻隠《そくいん》の情が湧いてくると錯覚しているみたいである。これが〝武士道〟となるとさらに念が入ってくる。絶対的な忠誠、信義、尚武、名誉を重んじる気概が生まれたと錯覚はさらに強固となる。だが、残念ながらこれらの気質、道徳感情は、戦時中はことに偉い軍人はもちろんのこと、現代の日本人に最も欠けているもののような気がしてならない。いかがであろうか。

江戸時代（享保年間）、鍋島藩の山本常朝《つねとも》が「葉隠《はがくれ》」*で唱えた武士道精神は、限りなくゼロに近かった故に、彼は慨嘆するように武士道を論じたのではなかろうか。そのように思われてならない。「武士道といふは、死ぬ事と見付けたり」と、武士道精神を唱えたが、当時の武士たちは弱者（下層階級の武士や農民・町民）に刃を向けることで、武士の本懐を見いだしていたのではなかったか。二本差しは既に官僚化し、口舌と算盤に長《た》けだしていたはずである。むしろ、侠客**の方に惻隠の情が溢れていたふしがある。江戸末期、水戸藩に見られた狂気の争いには、武士道精神の欠片もうかがえない。「桜田門外の変***」にいたっては、味方の旗本でも大老の死を面白おかしく茶化す輩《やから》さえ現れたという（山川菊栄「覚書・幕末の水戸藩」****）。

一方、維新の武士たちはどうであったろう。サムライたちは、攘夷攘夷と叫びながらテロリスト同然の血みどろの争いに明け暮れていたのではなかったか。

こんな時代にも、一般庶民はサムライたちの所業を冷ややかに、真実を見通す眼で見ていた感がある。山川の著書には、庶民の落首か「……内わげんくゎはさらりとやめて……尊皇攘夷の空論やめて、真の攘夷をしやさんせ」が綴られていたと書き留められていた。

明治以降、国民道徳の中心とされた古色蒼然とした武士道精神をさらりと捨てて、次代を見据えた日本人の理想的道徳・人間像を描くときではなかろうか。

＊ 武士道を論じた著。佐賀藩士山本常朝（一六五九～一七一九）の談話を筆録したもの。武士の心構えを説いている。享保元（一七一六）年ころ成ったといわれる。

＊＊ 強きをくじき弱気を助けることをたてまえとした人。江戸の町奴が起源。賭博・喧嘩渡世をし、親分子分の関係で結ばれている。

＊＊＊ 安政七（一八六〇）年三月三日、開国を進めた大老井伊直弼が、彼の安政の大獄などの弾圧政策を憎んだ水戸・薩摩の浪士一八人に桜田門外で暗殺された事件。

＊＊＊＊ 山川菊栄「覚書・幕末の水戸藩」（一九七四）、「おんな二代の記」（一九七二）に詳しい。

家庭破壊

多数の死者、行方不明者を出した尼崎事件*は、偏倚《へんい》な性格者による事件と考えられている。主犯格の被告（殺人罪で起訴された後、留置所で自死）の死によって、事件の全容は闇の中に入ってしまった。私たちは、こうした驚くべき事件が起きる度に、異常者による希有なことと片付け、事件から教訓を学ぶことを怠ってきたと思う。そうして、同様な悲劇を何度も繰り返している。

最近の社会風潮は、権力欲、金銭欲、性欲、衝動的な怒りの発散のためなら殺人・暴力・傷害も平然と行う、抑制のきかない心理の蔓延である。家庭内では、育児・介護疲れから児童・高齢者虐待や、夫の暴力による家庭崩壊が進行している。暴力は、家庭内にとどまらず、家庭内、公園でも、至る所でまかり通っている。弱い立場にある者をあざ笑い、いじめの標的にする少年の浮浪者襲撃事件はなんともおぞましい。拉致・家庭内暴力・ストーカー事件に見るように、公権力は家庭を積極的に救おうとしない。事件の矮小化・隠蔽の心理が横行している。

こうした社会風潮は、雇用不安、育児困難などによって家庭の機能、とりわけ経済生活維持と情緒安定機能を麻痺させている。より深刻なのは、経済的に逼迫《ひっぱく》した母子家庭、とりわけ子供たちの不安感の増大である。今回の事件は、家庭機能の弱体化につけ込んだ異常な犯罪であったが、生命・人権を軽視する政・官・財・マスコミ界に巣食う不人情が、家庭破壊を加速していることを見逃してはならない。

＊平成二十四（二〇一二）年十月に兵庫県尼崎市で発覚した死体遺棄事件。昭和六十二（一九八七）年頃発生した女性失踪事件を発端に、複数の家族が監禁され、暴行・虐待によって死亡した。

ひきこもり

最近目立つのは、家族や社会との関わりを避け、自室に閉じこもる青少年が増えていることである。いわゆる「ひきこもり」である。厚労省は、「ひきこもり」を「さまざまな要因の結果として、社会的参加（就学、就労、家庭外交流）を回避し、原則的には六カ月以上にわたって概ね家庭にとどまり続けている状態」と定義している。

全国の精神保健福祉センターの調査によると、「ひきこもり」状態の多くは、統合失調症、気分障害、広汎性発達障害などが中心と考えられている。が、実情はその予備軍が多いのではなかろうか。「ひきこもり」が長期化するほど問題は深刻となる。「ひきこもり支援センター」による、長期化を防ぐ対応が強く求められているのはこのためだ。

「ひきこもり」の前触れは、昭和三十（一九五五）年頃から「学校恐怖症」と診断された子供たちの支援に始まる。その当時、子供が家庭・学校の過重なストレスから情緒が障害され、学校に行きたくとも行かれない状態を引き起こしていた。心の深層には、親子双方に分離不安が生じていたと解釈されてもいた。

その後、さまざまな理由から登校できない子供たちが増えてきた。そのため「学校恐怖症」児を含めて、登校できない子供たちを「不登校児」と再定義するようになった。そして、「不登校」が大きな社会問題となって現在に至っている。「不登校」の原因は複合的で、「いじめ」もその一因と考えられるようになってきた。看過してならないのは、物欲と抑制を忘れた自己愛人間の増殖と自己中心主義社会の出現である。大人たちに混じって子供たちの世界にも、人への思いやりや連帯感を欠いた子供たちが増えたことである。さらに少子高齢化にともなう孤立、無縁社会の出現とも無関係ではないだろう。

心の問題は、いかに早期対応できるかにかかっている。「ひきこもり支援センター」の活動を支援する政治・行政の果敢な対応が喫緊の課題であろうと思う。

2
0
1
3

止まぬ体罰

学校現場における体罰が、というよりもはや、傷害行為と言うべきほどの体罰が公然と行われていたことが判明した。昨年の暮れ、大阪市立高校二年の男子生徒が体育顧問教諭の体罰を苦にして自殺を遂げたのだ。何と悲しい事件だろう。保護者の嘆き、怒りはいかばかりであったろう。体罰は学校教育法で固く禁止されているのに、この教諭は常態的に暴力をふるっていたようだ。学校長も黙認していた節がある。今時、こんな暴力公認の教育施設が存在するとは、驚異的である。

いったい、何故体罰がまかり通るのだろうか。学校は、子供たちの人格を陶冶する場所である。学校教育の理念を失念している教育者が、何と多いことか嘆かわしい限りだ。厳しく教育・訓練し、能力・体力を鍛えるために体罰・暴力をふるってよいわけではない。体罰を愛の鞭と言い訳した旧来の悪弊がまだ残っているのだろうか。教師には、児童の生命・人格の尊厳性を大切に、生きる権利と個性を尊重することが課せられている。この教師と校長は、この崇高な教育理念を全く忘れていたのだろう。恐ろしいことと言わねばならない。こうした体罰教師を黙認し、また任命した者の責任を厳しく問う必要がある。

この学校の教師等は、ひょっとすると教育の目的を失念、暴力をふるってまで運動部を優勝に導き、校名や指導者名を世に挙げることに気をとられていたのだろう。こうした個人的な欲望がまかり通るのは、学校が閉鎖社会であるためではなかろうか。この閉鎖性が教師をして身勝手で間違った指導者像をつくりあげてしまったのではないのか。

この生徒の不幸は、教師の仮面をかぶった独善的な暴力的体罰男と暴力的体罰を見抜けなかった学校長に巡り会ったことだ。学校選択に当たり、公立の場合は進学率や体育会系の名声ばかりが喧伝され、子供も保護者も入学時点で教師を選ぶ情報が余りにも少ない。このことが、不幸の一因になっているのかもしれない。

国家の将来は教育者の人格・力量にかかっているといっても過言ではない。教育者の人格・力量を、もっと子供たち・保護者・地域社会に周知させることを検討してみたらどうだろうか。教育者は地域社会の優れた逸材であるはずだ。地域住民にその力量をもっと還元したら、学校は地域に開かれた教育施設となり、教師の人格や指導力が白日のものとなるだろう。

家訓

国家に憲法があるように、どの家庭にも家訓*が、学校には校訓があるに違いない。皇室に「ナルちゃん憲法」があったときく。遠藤周作の息子に対する家訓**は「弱い人を馬鹿にするな。いい子と思われるために友達を裏切るな。自分の弱さをごまかすために嘘をいうな」であった。会津藩の家訓《かきん》十五箇条と藩の子弟に与えた「什《じゅう》の掟」七箇条も興味深い。七箇条の末尾には「ならぬことはならぬものです」とある。

日本人の習癖の一つは、問題が発生した場合、家訓・校訓を振り返り解決に当たる姿勢に乏しく、「事勿《なか》れ主義」や「長い物には巻かれろ」で安易に処理し責任を回避してしまうことだ。何よりも悪質なのは、真実を隠蔽し、嘘で隠し責任を取らないことである。体罰・暴力が日常化していれば、なおのこと、誰も家訓・校訓を振り返ろうとしないし、体罰・暴力の事実を覆い隠そうと奔走する。為政者が憲法を自家薬籠中の如く解釈し、立憲主義を勝手に否定し国民を愚弄するのだから、末端の者もそれに従うのは無理もないか。会津の子弟たちはこの訓《おしえ》を毎朝暗唱したと言い伝えられている。「ならぬことはならぬ」と覚悟しなければ、家訓・校訓は身につかないはずだ。民間会社の中には社訓を毎朝朗唱している処もあると聞く。為政者たちは、それらが気にくわないからと勝手に解釈し、まさに換骨奪胎するぐらいなら、この国の主人公である国民に、時流に合わないと丁寧に説明すればよいのである。

日本人にとって、家訓・校訓は、埃を浴びた家宝ぐらいの意義しかなかったのであろう。日本国憲法もその程度のものであったのか。憲法前文でもよい、学校で暗唱させられた記憶がない。もし、全国の学校で憲法前文を学期ごとに暗唱していたら、日本国民の権利・義務の自覚も歴史認識も、国際的な視野もしっかりしたものになっていたかもしれない。

憲法改正の議論が沸騰する前に、また十八歳の少年たちが参政権を行使する前に、次代を背負う子供たちに憲法前文でもよいから暗唱させ、理解を深めさせたらどうだろう。学校教育法も同様にしたらなおよい。

＊家の教訓。一家の者が従うべき訓戒。かくん、かきん。

＊＊「ぐうたら漫談集」に記載されている。

責任回避

日本人は、長年の法令無視の習慣から自分の瑕疵《かし》を他に転じ、保身を図り、責任回避することに長《た》けてしまったようだ。その例が、今時大戦がもたらした国民惨禍の責任を誰がとっただろうか。戦勝国の裁判で処刑されたり、引責自死する者があったが、多くは責任を欧米に転嫁したのではなかったか。

最近でも、各界各層で法令を遵守しないリーダーの何と多いことか。身近では、「いじめ」「体罰」「暴力」に苦悩する子を救助しないばかりか、事実を歪曲したり隠蔽作業に走る教師集団、暴力とパワーハラスメントを平然と行う体育指導者には唯々《ただただ》唖然《あぜん》とするばかりである。しかもこれを組織が威圧的に行うから被害者と家族は沈黙を強いられる。

日本人は言葉の民の故に、「いじめ」を「喧嘩」と、「暴力」を「愛の鞭」と言いつくろったり、「いじめ・自殺」には、遺書の無いことから、いじめと自殺の間に直接の因果関係が無いと強弁したりして、とかくに事件の矮小化と隠蔽と責任回避に突っ走る。死者や残された家族、弱い立場の者を鞭打つ行為が目に余るのである。

最近の風潮は、加害者はまず行為を否認し、周辺から非難される状況におかれると自己保身と責任回避に走る。自ら非を認め、責任をとり、罰を受けることを避ける。これが戦後、自由と個人主義を謳歌した日本人が真っ先に身につけた処世術であった。個人の権利は主張しても義務と責任を全うすることを忘れた卑小な日本人の姿だ。引責辞任する潔さは遠い昔の物語になってしまった。

叱るということ

体罰を加える学校教師の行動を聞く度に、つい、旧軍隊の鉄拳制裁を連想してしまう。新兵は、たいした失策でもないのに、時には理由もなく下士官や将校から殴打されていた。徴兵された新兵の多くは農民の二、三男の出身であった。兵隊も神の国、天子の赤子《せきし》だったはずなのに、訳もなく唯々殴られていたのである。そこには、江戸時代、維新・明治期の士農工商の封建遺制や身分差別意識が働いていたものと想像している。明治期、徴兵制*が布《し》かれ、かっての農工商の身分の者が士身分の者に混じって徴兵されて以来の悪習であったと思われる。洋の東西を問わず、下士が上司に殴られるのは普通だったのかもしれないが、我が国の場合は、下級武士による維新革命によって、かっての下級武士が大将・大臣にのぼり、国政を牛耳ったことによる特殊な悪習であったように思えてならない。ところで、教師は、我が子に対しても昂然と体罰を行っているのであろうか。「愛の鞭」と自己弁護しつつ。

子供は、三歳になれば親の言うことを聞かないのが普通なのだ。自我が成長し始め、結構我を通そうとする。それがノーマルである。思春期・青年期に達すれば尚のこと、年長者に対する反抗は当たり前の現象である。親・教師にとって堪えられないほどの反抗をする者も出てくる。そのために、時には、親・教師の感情が激して、沽券《こけん》にかけて、「なめられてたまるか」と詰め寄り、思わず暴力をふるいたくなるときだってある。

とかくに、躾、教育は難しい。親が暴力をふるっても時に許されるが、教師にはクビがかかるほどの懲罰が待っている。辞表を常時持ち歩く覚悟が必要な専門的職業である。

躾、教育の基本は信頼関係の樹立が前提となっている。親の務めは、わが子に己自身や他人に対する安心感・信頼感の育成である。それは、神経をすり減らすほどの愛情の投入から始まる。これができなかったら子供に不幸の根を植えつけることになろう。かかる子供を受け持った教師は、その子供に人に対し信頼感の醸成のやり直しをしなければならない。それは厳しくつらい務めだが、致し方ない。それが専門家のモラルだから我慢してやり通すしかないのだ。

教育の先達たちは、不柔順、反抗的な子供に体罰を加えなかった。留岡幸助（北海道家庭学校創設者）は「骨身に染みるように叱りなさい」「いつまでも執拗に叱らない、直前の悪い点をビシッと叱ることだ」「叱ることより褒めてあげる点を捜しなさい」と言っている。さらに、留岡幸助の後継者谷昌恒は、子供を「愛すること、信じ、待つこと」が大切とも。これはまさに至言だと思う。

＊明治六（一八七三）年徴兵令が交付された。初期にはさまざまな兵役免除規定があったが、明治二十二（一八八九）年の大改正によって国民皆兵の原則が確立した。昭和二（一九二七）年兵役法（国家の兵員充足に関する制度）が制定された。

児童の人権

不倫の果てか、生活苦の故か、赤子《あかご》を殺害し遺体を放置、児童手当を六年間も詐取《さしゅ》した女性が逮捕された。近年、婚外子が増加しているという。事実婚、シングルマザーが増えたためだ。生き方の選択は個人の自由だが、生まれる子供の人権を勝手に奪う権利を誰も持ってはいない。

教え子を暴力で威圧する教師、それを是認する親、見て見ぬ振りする校長・同僚、教育委員会。子供の生命・人格の尊厳、人権を真っ先に尊重すべき親・教師たちが、「子供の幸福のため」を言い訳に無慈悲にも奪ってしまう残酷さ。我が国には、貧窮の故に間引く*風習が古来あった。それは、母親や産婆の務めだった。親たちは己の罪障感を宥《なだ》めるために死んだ赤子への供養（水子塚・地蔵信仰など）を怠らなかった。現代は我が子を物でも捨てるように、平然と遺棄してしまう。こうした親ばかりか、最近では己の性的欲望を満たすために、幼子を拉致監禁、殺害し、遺体を遺棄する事件が後を絶たない。

少子高齢時代に備えての対策が未だまだ不十分だ。産科医・小児科医の不足、救急医療態勢の不備、出生後の不十分な保健指導、保育所の不足など、安心して子供を産める環境にない現状。これらは全て、児童の人権に対する認識の甘さからきているように思えてならない。

我が国は、主要先進国の中で最も児童人権擁護の取り組みが粗末な国である。「子どもの権利条約」批准以降、国連から再三是正勧告されていた非摘出子差別の改正にやっと重い腰を上げたくらいだから。このへんで、国民の児童人権擁護に関する意識向上を図らないと、世界の笑いものになってしまうだろう。

＊口減らしのため親が生児を殺すこと。この風習は戦国時代渡来したポルトガルの宣教師によって記録されている。

もっとやさしく愛情をもって

柔道界の不正行為にはただただ呆れてしまう。スポーツ精神のかけらもない者が指導者として君臨していたとは。相手を敬い、感謝し、信頼し合い、助け合う心を育てるべき柔道の目的を逸脱し、その上、公金を詐欺まがいに私用していたのだから、さらに驚きである。

何故に日本のスポーツ界は暴力まみれなのだろうか。指導者は、暴力をふるわないと子供たちの精神も身体も技量も鍛えられないと思っているようだ。愛の鞭とは到底思われない。傲慢と言うほかはない。

昨今、学校教育に武道が取り入れられた。指導者として学校に招聘される者の中に、かかる傲慢者がいることを恐れる。それでなくとも、思春期児童の心身発達の特質上、不慮の事故を防ぐことは難しいのだ。精神・身体の発達はアンバランスだし、自我に目覚め反抗心も芽生えてくる。羞恥感情も強い年頃である。

教科で知力を鍛え、体育で精神・身体を鍛える。さらにそのうえに、「伝統的なみやびの理解や相手を尊重する態度の育成」を目的に武道の必修化がなされたが、傲慢な指導者まで導入されてはたまらない。

どうみても日本人は欲張りだ。あれもこれもと子供と教師と保護者に負担を負わせる。だから、次のことを危惧する。

これからも子供の資質を高めるという理由で、大人の思惑からさまざまなことが計画されることだろう。今回の必修化も事前準備がなされたというが、現実はいつものように、所詮は付け焼き刃程度であったろう。不正行為や暴力問題を聞くにつけ、これからも事故や暴力やセクハラの発生が十分に予見される。

子供の自主性・主体性を尊重し、意欲の向上と個性の発揮を大切に、克己心と思いやりの心を育てるために、厳しい中にも愛情溢れる指導を期待したいものである。傲慢な指導者は願い下げである。

哀話

過日、幼いきょうだいの遺体が自家用車の中で発見された。両親がともに、子供たちを保育所へ送り届けることを失念してしまったためだという。なんとも取り返しがつかない、なんという不注意、怠慢、無責任な出来事であったことか。両親間の連係プレイができなかった背景に、何があったのだろうか。多忙の故か。車内で悶え苦しんだきょうだいが哀れでならない。こうした両親や保育者の不注意による悲劇が、連日の如く報じられ、哀れを誘う日が続いている。今回のケースが虐待の結果とは思いたくないが、注意怠慢行為も厳しく問われなければならないだろう。

天武天皇五（六七六）年、人身売買の記事が「日本書紀」に載っている。凶作のため、飢えた子供を売りたいと願い出た者があったというのだ。朝廷は、その願いを許さなかったとある。貧窮の故に、生まれたばかりの子供を間引いたり、他人に売ったり、遺棄したりの哀話は古来あった。富裕層のなかには、多子出産を恥として間引く風習もあったようだ。近代に入って、生活苦などを理由に子供を道連れにした無理心中事件が目を引くようになる。殺害者は母親が圧倒的に多い。現代では、貧窮より親の身勝手からの虐待と子殺しが大きな社会問題となってきた。最近、不倫による嬰児殺が報じられたばかりだ。

日本民族の子供観も随分と変化したように思う。当然のことながら、子供観も価値観や社会の仕組み・社会経済の変動などによって、「生まれるもの」から「生むもの」へ、慈愛の対象から愛玩の対象に、神からの授かりものから「できちゃった」存在などへと変化を遂げて現代に至っている。さらに、現代では育児・保育・教育環境の不備を理由に、子供を産まない風潮が蔓延しており、出生率を大幅に下げている。少子高齢社会の到来は、この風潮によって、一層深刻の度合いを深めている。

子供観、生きがい観の変化が新たな子供哀話を生み出しているといっても過言ではない。

体罰緊急調査

文科省の緊急体罰調査結果が四月二十六日公表された。調査は全国の公立小中高校などを対象にしたもので、昨年の四月から今年一月末までの中間報告（児童生徒への聞き取り調査は六月にまとまる）である。把握された件数は前年度に比し急増している。これは、大阪市立高校の体罰自殺問題を受け、体罰に対する見方が厳しくなった結果と思われる。七五二校で八四〇件の体罰が確認され、一八九〇人の児童生徒が被害にあっている。このうち六〇四件は教員が懲戒を受け、残りは検討中という。最終報告で、体罰件数が数千を超えると想定されている。

体罰の実態をみると、行われた場面では、授業中三一%、部活動中二八%、休み時間・放課後各一〇%が主なものであった。素手で殴る、蹴る、棒で叩く、投げる・転倒させるなどの暴力行為によって、骨折、鼓膜損傷、打撲などの怪我を負った児童生徒が三〇%認められている。

体罰の背景には、教員に根強く残る「愛の鞭」思想がある。また、保護者・教員のなかには、体罰を公然と容認する者がいる。体罰を加えないと性向を矯正できないとの思い込みが強い。明治期の小学校令（明治二十三＝一八九〇）、軍国主義時代の国民学校令（昭和十六＝一九四一）でさえ体罰を加えてはならないと明示していた。学校教育・児童福祉の立法、近くは「子どもの権利条約」で、大人に対し児童の人権尊重を厳しく課してきたのにである。

もうこの辺で、親も教師も鞭は己に当てて、愛情以て子供の人格を育てることに熱中しようではないか。

離婚と子供

是枝裕和監督作品「そして父になる」がカンヌ国際映画祭で審査員賞を受賞した。この映画は、息子が出生時取り違えられたため、二組の家族が戸惑い苦悩する。親子の絆とは何かを問うたシリアスな内容だ。上映後観客の拍手が十分間鳴り止まなかったという。人は、養育を通して、親子の絆が強固に築かれ、親も人格的成長を遂げる。子供は性格の基礎と人への信頼感を獲得する。

昨今、離婚による子供の養育上、深刻な問題が発生している。国内では、親権を巡る争い、国際結婚の破綻では、片親が子供を出身国に連れ去る事件（拉致事件と見なされる）などがある。子供の引き渡しを決めた裁判所の審判を守らない場合、地裁の執行官が子供の元に出向き強制的に親から引き離し、もう一方の親が勝手に国外に連れ去ったために生じた紛争である。

子供の取り違えといい、子供の養育を巡る争いといい、虐待であればなおさら、子供に深刻な心的外傷を負わせ、生涯にわたる苦しみを与えてしまう。我が国は古来、子供を慈しむ習俗があった。半面、親中心の恣意的な裁量や強い共生的な感情から、子供の人権を軽視する傾向があった。そのために、子供を「物」のように扱ったり、子供との一体感から子を道連れに無理心中——子殺し——することが多かった。
「ハーグ条約」*加盟を機に、国際感覚を磨くとともに、子供の人権を真剣に守る国民的自覚を鍛える必要がある。

＊国境を越えた子の連れ去りによって生じるさまざまな子への悪影響から子を守る条約。

子供と良寛

子供の養育と高齢者の介護問題の解決が、国家の命運を決めると言っても決して過言ではない。子供の健全育成と高齢者の生き甲斐実現の方策があれば、誰もが安心して働き、物心豊かな国家を建設することができる。喫緊の方策理念の樹立はここにある。

この理念の実現には、己の可能性を一〇〇％発揮できる社会づくりも同時に必要だ。日本人は働くこと、子供を慈しむこと、他人に優しくする心性を古くより培ってきた。この例を、江戸末期の越後蒲原にみることができる。乞食《こつじき》僧良寛は、農繁期農民と一緒に汗を流すことがなかった。が、農民は、良寛を決して非難しなかった。良寛は托鉢の途次、遊びをせがむ子供たちと日暮れまで毬をつき、かくれんぼをして真剣に遊んでいた。良寛は遊びといえども決して手を抜くことをしなかった。その子供らと遊ぶ姿を傍観した農民は、子供と戯れる良寛を非難・排斥するどころか、ほほえみをもって受け入れていたのである。良寛は、意識的ではなかったが、農繁期の季節保育士といった役割を担っていたのかもしれない。しかも、子供たちにせがまれながら「月の兎」の物語をして、巧まずして子供たちに道徳的・宗教的感化を与えていてくれたのだから、無償の教育者ほどありがたいものはない。

人は誰しも、その個性・役割に応じて生き、相互に認め合う社会でありたいと願っている。現代人は、この心性を欠きはじめ、相互に批判中傷したがる傾向にあるが、人々の個性を認め受け入れる遺伝子は残されているにちがいない。

男女共同参画社会の実現を、日本の女性たちは強固に欲していよう。男性中心主義が一向に抜けきれない日本の男たちは、先進国中最悪の男性優位社会を、改善しようとは意識的にも無意識的にも欲していないだろう。女は育児・家政と性別役割分業をよしとする男たちの、この意識的・無意識的な欲望を改善するには「百年河清《かせい》を俟《ま》つ」心意気が必要かもしれない。手っ取り早い改善の道は、最も解決を急がれている保育機能の強化だ。子供の養育・教育には莫大なエネルギーが必要だ。稼ぎ頭の男にはそれぐらいの認識はあろう。莫大なエネルギーの消失を伴うこの養育・教育機能を外注に出せば、時代遅れの役割分業論者も楽ができ、我が世の春を謳歌できよう。男女共同参画社会の実現の第一歩は、保育所の確保が必至になってくる。しかも、良寛のような優れた人格者で、真剣に保育に取り組んでくれる人がいたら、これほど安心な外注策もないものだ。

こうして優れた保育者を増やしていけば、徐々に男たちの意識改善が図れるようになるだろう。保育所は実質的に教育の要素を持っている。したがって、現行の保育所と幼稚園の保育・教育機能の統合は理想的である。優れた幼児教育と保育士が子供の養育・教育と同時に両親教育に従事してくれたらと切に思う。

しかし、なんのための統合か、なんのための少子高齢対策か、向かうべき理念がしっかりしなくては、子供も高齢者も単なる「物」「数」に置き換えられてしまうだろう。男も女も、男女共同参画社会の実現について真剣に議論すべき時である。

「へいわってすてきだね」

六月二十三日は、沖縄慰霊の日、沖縄全戦没者追悼式が平和記念公園で執り行われた。その式場で、安里有生君（六歳、小学一年生）の平和の詩が捧げられた。

「へいわってなにかな。ぼくは、かんがえたよ」で始まる「へいわってすてきだね」と題された詩は、戦争体験の全くない幼子が道徳の時間で学んだ「戦争と平和」の話に触発されて詠んだ長詩である。幼子に教えられた感慨さえ湧く胸を打つ良い詩だと思う。

おともだちとなかよし。かぞくが、げんき。えがおであそぶ。
ねこがわらう。おなかがいっぱい。やぎがのんびりあるいてる。
けんかしてもすぐなかなおり。（中略）
へいわっていいね。へいわってうれしいね。
みんなのこころから、へいわがうまれるんだね。

平和は人々の心から生まれると、子供ながら核心をついている。「おなかがいっぱい。やぎがのんびりあるいてる。」。戦中の集団疎開の時、ひもじさから泣き出した二年生男子のことが忘れ難い。私もまた、飢えにひとり泣いたことが再三あったから、その泣き声を今でも鮮明に覚えている。

これからも、ずっとへいわがつづくように
ぼくも、ぼくのできることからがんばるよ。

で、結ばれている。

最近の大人たちの心から、平和に貢献しようとの覚悟が随分と薄れつつあるようだ。政治家や官僚たちの浮薄な言動には恐ろしさを感じるこの頃である。他者の心の痛みに塩を擦り込むような、心ない発言が目立っている。人権を擁護し、平和の維持を専業とする人々のこうした言動には、歴史の潮流に逆行しようとする底意さえ感じる。また、同日行われた都議選の投票率の低さや、最近の地方選における国民の無関心ぶりは、大人たちが地域や国家の平和を守る権利と義務、気概を自ら放棄しはじめている象徴のように思えてならない。

有生君の平和の詩に示した覚悟を大人の心に蘇らせようではないか。

もっと子供の立場に立とうよ

栃木県の公立小学校で、いじめアンケートに教師が手を加えるという不祥事が報じられた。なんとも驚き入った事件である。呆れてものも言えない。

翌日の主要紙に、特別養子縁組制度*（昭和六十三年＝一九八八）を子供斡旋ビジネスにしてしまったＮＰＯ法人の事例が載っていた。また、最高裁が現行民法上の実子と婚外子の差別条項を、この秋には改正するのではないか、との識者の意見がやっと聞かれるようになった。

我が国は、先進国の中で、児童の権利擁護に関して最も後進国の部類に入るようだ。「子どもの権利条約」を批准、国内発効（一九九四年五月）したにもかかわらず、また国連から改善（実子と婚外子間の差別撤廃など）*を勧告されてもなお、改めることをためらってきた。特別養子縁組制度しかり、はたまたいじめ防止対策、学校内体罰対策しかり、児童の権利侵害は一向に改善されるどころか、深刻の度合いを深めてさえいるのが実情だ。

現下の少子高齢対策は、解決を急ぐべき最優先課題である。子供の出生は国運を左右する。しかるに、児童虐待問題や少女による出産遺棄事件をみるにつけ、子供を慈愛の対象から愛玩・邪魔「物」へと変質しつつあるのを危惧する。不妊に悩む夫婦にとって、子供はまさに「宝」だ。国民生活の安定と繁栄にとって「宝」の誕生は必須の条件だ。その「宝」を愛護の精神をもってどのように育成するかが今問われている。

連日報道される児童の人権無視・侵害の悪しき例は、日本人の恥部をみるようでなんとも嘆かわしい。もっと児童の立場に立って愛護する精神を鼓舞する必要がある。

＊実親の監視が著しく困難な六歳未満の子を、家庭裁判所の審判によって、養親と戸籍上実の親子関係を実現させ、愛情で結ばれた親子関係を築くことに特色がある（実親とは親子関係断絶となる）。

＊＊国連の「子どもの権利条約委員会」が行った日本への二二項目の勧告（一九九八）。この他には①暴力やポルノなど有害な出版物、視聴覚メディアからの子供の保護、②障害を持つ子供たちへの差別撤廃、③学校での人権教育の徹底化、④学校内での暴力、体罰、いじめの防止、⑤児童ポルノ、児童売春問題の改善などがある。残念ながら、これらの問題は改善されるどころか悪化の一途をたどっている。実子と婚外子間の差別は遅まきながら撤廃された。

死ね！　きもい！　飛び降りろ！

いじめ言葉の常套語「死ね、きもい……」はなんと無慈悲で酷い響きを持つ言葉だろう。

いじめ防止対策推進法の成立をあざ笑うかのように、残酷ないじめ事件が続く。同法のいじめ定義は、あくまでも被害児の精神的・身体的苦痛の感覚・感情に焦点をあてている。客観的、論理的にみていじめであるか否かを問うていない。

戦時中の少年時代を思い出す。私は、ひ弱な泣き虫っ子だった。泣き虫な性格がいじめっ子には格好の標的だったようだ。いじめっ子ばかりか傍観者に取り囲まれて散々に揶揄《やゆ》され、こづかれ、面目を失った。劣等感の塊ができた。いじめの対象は、なにも泣き虫に限らず、成績のよい子、金持ちの子にも向けられていた。

いじめを子供時代の通過儀礼だという識者がいる。精神的社会的発達に欠かせない行動だともいう。確かにその一面がある。ただし、被害児の苦痛や葛藤を、教師や親が適時に気づきケアしてくれればの話である。自我意識が発達してきたこの年頃の子供は、いじめられている弱みを見せまいと、親にも教師にも苦痛を訴えたがらない。発見が遅れてしまうのは、このためだ。親・教師は、子供の日頃の行動から苦悩のサインを発見する感性を、持ち合わせていないといけない。それが親・教師の務めというものだろう。

現代っ子は哀れだ。いじめられている苦悩を言葉で表現せず、表情や身振りで必死に訴えても誰も気づいてくれない。親身に接し理解してくれる大人のなんと少ないことか。多忙でその上感性の鈍い大人たち、さらに自己中心主義がはびこる時代がいじめの温床となっているからだ。思春期になれば自尊心が高まり、なお対応は難しくなる。だから、万全の支援態勢が不可欠となるのだ。

いじめは、被害児や友達が訴えない限り発見が難しいのはこのためだ。大人に訴えても取り合ってもらえず、解決効果がないことを子供たちは知っている。

いじめの予防には、加害児にこそ目を向けるべきである。かかる子供たちは、日頃の攻撃的言動から発見は早いはずだ。概して、被害児より目立つ行動の持ち主だからだ。また、その保護者にも育ちの環境にも注意してあげたい。教師たちは、攻撃的な行動に出やすい加害児も福祉的・教育的支援の対象であることを忘れてはなるまい。だから、いじめ対策には心理的援助に加えて、社会的側面からの援助が必須となる。

無慈悲な言葉かけ

愛知県で起きた「いじめ自殺」事件から、過去の悲劇を想い出した。O君の自殺*（一九八五）、大河内清輝君の自殺**（一九九四）は永久に忘れないであろう。忘れてはなるまい。

O君は小学五年生だった。「学校を破産させれば勉強しないですむ」と作文に書いたことや日頃の悪ふざけを五十分間にわたって先生に注意され、「将来、精神病院に行くようになる」ときつく叱責された。そして、居残りを指示されたが、先生は遊びに気を奪われO君への指示を失念してしまった。大河内君は、級友の執拗な暴力と金銭強要に遭い、逃げ場を失ってしまった。彼なりに家財持ち出しの自責と、執拗ないじめによる苦悩を訴えていたが、親・教師にはその苦悩が届かなかった。また、自転車屋店主（彼の自転車が度々級友によって壊された）による、学校へのいじめ通告を教師は取り上げることがなかった。

これらの事件が一般に知られ、そのたびごとに教育者や教育評論家によって「教育とは」、「生命とは」、「家族とは」の本質論やいじめ防止対策が熱心に協議されたにもかかわらず、得た教訓がついぞ生かされることはなかった。

子供の問題に限って言えば、どうも日本人は日頃目立たない、おとなしい子、いわゆる内気な子に注意を向けないきらいがある。教師や親の折角の説論、説教も内気な子供の心にプラスに響かないようだ。内にこもりやすい子供の心情が共感・理解されないためだ。また、O君のように特異な才能を持ち、理屈っぽい子供は変わった性格の子と受け取られやすい。いずれにしろ、変わった子、無気力人間とレッテルをはられてしまいがちで、親・教師の注意の外に置かれてしまう。こうした子供たちに対し親・教師は、子供の意思や感情に同情も共感も薄いようである。

日本人のせっかちで忘れっぽい、熱しやすく冷めやすい性格が災いしていないだろうか。どんな子供だって、注目や承認・称賛を得たがっているものだ。それに気づいてあげる役目を親・教師は背負っていることを忘れないで欲しいものだ。親・教師は、説論より、子供の心をじっくり聴く待ちの心構えを身につけるべきである。

＊昭和六十（一九八五）年横浜で起きた小学五年生の飛び降り自殺。飛び降りた高層マンションの踊り場の壁に、「マー先のバカ……オー君死去」の遺書が残されていた。O君は詩や推理小説を書くなど、特異な才能の持ち主だったようだ。

＊＊平成六（一九九四）年名古屋市の公立中学校で起きたいじめによる首つり自殺事件。大河内清輝君は、いじめの経過を記した日記と加害者の名前を記した遺書を残していた。いじめ・自殺を遂げた多くの子供たちは、遺書を残すこともなく、あっても加害者の名前を書き残すことがない。残された遺書によって、いじめの全貌が判明した希有な事件であった。

暴力と仲間はずれ・無視

国立教育政策研究所は、八月上旬学校関係者にいじめ防止のための資料「いじめと向き合う」を公表した。いじめの実態追跡調査（小学四年から中学三年の六年間）の分析結果によると、暴力を伴わないいじめを経験した被害者と加害者は共に九〇%近くに上った。どの子も被害者、加害者になりうるというのだ。一方、暴力を伴ういじめは限定された加害者が繰り返し行う傾向が認められたという。

この調査では、いじめの態様を、

①暴力を伴うもの、

②暴力を伴わない「仲間はずれ、無視、陰口」

の二つに分類した。

①の場合、被害児が加害児に変化する場合や、一部の子供が何度も繰り返し暴力を経験する実態も明らかになった。②の場合、被害児も加害児も入れ替わりながらいじめが進行する実態が明らかになったという。特に①への対応は、いじめに気づいた時点で速やかに止め、必要な場合は警察に相談する。②の場合は、①に比し教師が気づくのが難しい。したがって、未然防止が有効と指摘している。

こうした実態追跡調査は貴重でなかなか得難いものである。が、私の経験では、いじめの実態はもっと陰湿で複雑な要素を持っているように思えてならない。

私は、実態の分析方法に少し問題を感じている。いじめの実情は、①と②の混在が多い。しかもいじめが執拗で、「自殺」へ追いやるほど残忍さを伴う場合も多い。加害児は、いじめを悪と承知の上、きまって、「遊び、ふざけ」と巧妙に言い逃れをし、被害児をいたぶり続け快感と優越感にひたっている。被害児もまた、報復を怖れて真実を訴えたがらない。虚偽の言いわけさえする。そして、深刻な問題は、大人が傍観したり、教師が事実を隠蔽したりすることである。

いじめは感情発達の未成熟、社会正義感の欠如から始まるといってよい非行行為である。傷害、自殺強要を伴う、大人以上に悪賢い犯罪行為と断じてよいだろう。こうした事実を大人や教師は見逃してはならない。子供の成長のための通過儀礼といった解説ほど、被害児の心を傷つけるものはないだろう。加害児の攻撃的な心理、被害児の悲壮な劣等感を共感することのできる大人・教師の不在がいじめの温床になっていることに気づいて欲しいものだ。

いじめへの対応策は、人権や社会正義を守ることの重要性を子供、教師、保護者に日頃から徹底して訴えることが緊急の課題といえよう。そして、加害児も被害児も同時に福祉・教育的援助の対象であることを忘れないで欲しい。

「少年H」と「はだしのゲン」

今夏、社会を賑わした話題に映画「少年H」（妹尾河童原作）の上映とマンガ「はだしのゲン」（中沢啓治）の閲覧制限がある。両作品共に、作者の少年時代が描かれ、戦争の不条理と生命・家族愛・平和の尊さを説得力をもって訴えた作品である。

Hは、日中戦争から太平洋戦争時、両親の愛に育まれ、宗教的感化をも受けながら成長していった。思春期、中学生になったHは、学校派遣将校*の横暴に屈せず、また空襲化の惨事を経験するなかで、家族愛と自立心が育っていった。「はだしのゲン」は、作者自身の原爆体験に基づいている。父親と姉弟を失った小学二年生のゲンは、原爆の惨禍を経験し、戦中戦後を必死に生き抜き、戦争の悲惨と平和の尊さを感じ取っていく。

敗戦から六十八年、戦争体験、空襲時の恐怖、原爆の惨禍などの実相が薄れつつある今、子供たちにとって、戦争や原爆の恐怖は最早絵空事に等しくなってきている。そんな折、「少年H」の映画化は、戦争の不条理をリアルに描いて、家族の絆の大切さと戦争の愚かさを見せてくれた。一方、「はだしのゲン」の図書館における閲覧が制限される事態が発生した。旧軍人の残虐行為**の描写が教育上不適切との判断から、松江市教育委員会は閉架の措置をとったのだ。同教育委員会の措置は、教育的配慮の名の下に戦争の実情を子供たちの目から隠したものであるが、思想表現の自由の権利を侵す行為に等しいとも考えられる。首を切断するという場面は、たしかに残虐さを強調したものではあるが、迫真性を伴わない描写でもあり、教育的配慮に欠けているとは到底思えない。現代の漫画にはこれ以上のどぎつい場面がいくらでもある。同教育委員会の処置から、始皇帝やナチスの「焚《ふん》書《しょ》」を連想してしまった。

島の領有権と歴史認識の齟齬《そご》を巡って、隣国と不穏な状態にあるとき、子供たちに戦争や原爆の惨禍、歴史の実相を隠すことなく語りかけ、どうしたら家族愛や平和が保てるかを考えさせる度量が、大人たちに欲しいものだとしみじみ思う。

＊戦時中、中学生には軍事教練や軍需品の生産活動への参加が義務づけられていた。軍事教練は、軍から派遣された軍人が担当していた。

＊＊軍人が刀で首を切断する場面。

いじめ防止対策推進法の施行

いじめ防止対策推進法がいよいよ施行される。「いじめ・自殺」問題が大きな社会的関心を呼んで久しい。さらに学校は、教師による体罰・暴力問題も抱えているから、一層深刻の度合いを深めてさえいる。

同法の施行には、いまだ課題が残されている。それは、全国の自治体や学校で、問題が発生した場合、設置を義務づけられた調査組織の中立性維持をいかに確保するかの問題である。調査組織の在り方について国の基本方針が未確定なのだ。調査委員会の中立性確保についての意見がまとまっていないためだ。調査組織に第三者を加えなければ中立性を確保できないのは自明なことである。こんなところにも日本人の悪癖――責任を回避し、事実を隠蔽し、真実を雲散霧消してしまう体質が出てくる。

いじめは被害者に深刻なダメージを残してしまう。多くの子供は自尊心を傷つけられ孤立し、死を選ぶ子供もいる。過去に起きた無差別殺傷事件の加害者に、自尊感情の障害と孤立が事件の遠因となったケースを忘れてはならない。また、いじめは人生の通過儀礼といった大人側の論理を修正する必要がある。いじめ防止対策の要点は、「児童、生徒が心身の苦痛を感じているもの」との子供の内面を重視したいじめの定義を真摯に受け止め、早期に発見し早期に援助の手を差し伸べるかにあるのだ。

　調査組織のあり方も大事だが、さらに重要なのは、子供のサイドに立って、子供の内面の苦痛に気づく教師・保護者・カウンセラーの育成にこそ軸足を置くべきであろう。

児童愛護精神育成の要点

　ある非行相談の専門家（友人）が、退職後グループホームを立ち上げ、現在五人の高校・中学生（いずれも男子）を育成しているという。

　児童相談所、教護院での経験を持つ私は、児童を巡る時代の確実な変化に驚くとともに、現役の児童福祉専門家の労苦が思いやられた。私の現役退職後、児童虐待、いじめ、引きこもり、不登校など児童の深刻な問題が多発し増加の一途をたどった。児童の養育観、教育観は児童中心から大人中心へと変貌を遂げたかにみえる。

　少子化、シングルマザー、保育所待機児童の増加、婚外子の差別化、教師の体罰・暴力容認化、援助交際、児童ポルノ、非行などなど一見無関係に見える児童問題だが、底に存在する原因は、恐らく同根のものであろう。児童愛護精神の原因が判明し、教育の在り方を根本的に問う新たな課題がある。例として広汎性発達障害児（学習障害・自閉症など）の養育・教育・就労問題を思い浮かべればよい。

友人の労苦は、まさに前記に掲げた諸課題を一身に引き受けているようだ。児童愛護精神の衰弱化は、社会の安定にとって最も枢要な家族関係の希薄化と変容をもたらした。五人の寄る辺のない子供たちは、まさに現代病の犠牲者だ。

これらの問題の解決には、児童愛護精神の涵養《かんよう》のほか児童・教育行政の仕組みを一新する必要がある。非行、虐待問題等に困苦する児童相談所機構・機能の改編が急がれよう。

孤立する父子世帯

父子世帯が増えている。統計によると二二万余世帯、母子世帯との比較では、まだ少ないが、深刻な問題が発生している。最近、東京江東区に住む、九歳を頭に四人の子供を抱えた父親（四十五）が長男（五）を虐待死させるという事件があった。報道によると、恐らく懸命に子育てをしていたのだろう、「強い子になって欲しい」と願い、それに応えられなかった子に腹を立て暴行したと思われるとあった。

父子家庭、ひとり親家庭となった経緯には、離婚・失職・伴侶の死など複合した要因が働いているようだ。前記の虐待死事件では、離婚・失職・生活保護受給の経過をたどっている。残念ながら、福祉事務所の担当ケースワーカーは、この父子家庭に発生していた虐待の徴候を把握していなかった。地元の民生委員や児童相談所との緊密な連携もとれていなかったと思われる。

父子家庭、母子家庭は二人親家庭にくらべ、子供と一緒に夕食をとる回数が極めて少ない。ことに、父子家庭は極端に少ないと言ってよい。生活保護受給家庭は詳《つまび》らかではないが、家政能力の乏しい男性にとって、子供との触れ合いが乏しいことがうかがえる。

父子家庭は、母子家庭に比し子育てに関わる支援を受けたがらないという。何故だろうか。離婚・失職などで男性としてのプライドが傷つき、支援を受けることに抵抗があるようだ。一個の男性として弱音を吐くことは、自己の無力感を示す情けない行為と感じるのだろうか。また、地域社会での交流経験に欠け、隣人と人間関係をほどよく結ぶ社会性が足りないことも想定される。

日本の男性は女性にくらべ、伝統的家族観・男性優位観が根強く残り、男性は稼働、女性は家事育児といった性別役割分業観に囚われている者が多い。また、時代錯誤といえるほど男女共生意識にかけ、家庭の切り盛りが下手である。これに、離婚・失業の危機が重なると、当然の如く父子家庭に孤立感・閉塞感が強まり、育児に伴うストレスから感情を爆発させてしまう。不幸なことだが、子供に対する期待が高い者ほどストレスは倍加しよう。父子家庭の悲劇は、国の支援策の乏しさと、社会に内在する男性優位の観念が邪魔をしているように思われてならない。日本社会に未だ男女共生の思想が定着せず、家政を低くみる観念が強固に残る社会風潮を見逃してはなるまい。少子高齢社会を乗り切るには、男女共生思想の促進と、男性に家政力を高める教育も必要だと思う。

高齢者と幼児

近くの公園から幼稚園児の弾んだ歓声が響く。高齢者とゲートボールを楽しんでいるのだ。高齢者も手取り足取り幼児の面倒をみる。執拗なぐらいである。面倒をみる高齢者の笑顔が輝いている。何ともよい風景だ。

戦後、家族の構造・機能が大きく変容した。戦前の家父長制度の中で育ち、戦後の民主的な家族観の洗礼を受けた高齢世代にとって、現代家族の有り様は心もとなく感じられてならない。特に気掛かりなのは、核家族化・少子化の中で、他人を家族の一員として迎え入れる包容力が薄れていることだ。よい例が欧米に比し里親制度が一向に普及しないことだ。家庭養護に欠ける子供たちの多くは、依然児童養護施設で育てられているのが実情だ。

くわえて、祖父母・孫関係の希薄化がある。二世代家族の増加によって、両者の情緒的・教育的関わり合いが薄くなったことだ。祖父母の語る子供時代の経験談、戦中体験、宗教説話や己の人生観に子供たちは抵抗を覚えながらも人格的に感化され、そして道徳を身につけていったものだ。子供が両親と衝突したとき、祖父母は緩衝装置の役割も果たしてくれた。祖父母の孫に与える過剰と思われる愛情は、揺りかごのような心地の良さを感じさせてくれていた。この揺りかごが失われて随分と久しくなった。

少子高齢化の進行は、子供や高齢者の家族養護・介護を難しくしている。祖父母を加えた家族の絆が薄くなるにつれ、家族養護・介護が困難になってきた。その背後には、社会保障費の負担増加がある。その負担解消に、「地域福祉」を標榜しながら社会保障費の削減に努める政府の思惑が働いている。社会的養護・介護の施策が家族の負担増加へと傾斜するに従い、社会全体で人間的な温かみのある養護・介護をしようとの意欲が、国民の各層から失われようとしている。結果、高齢者虐待が頻発し始めている。

家族の構造・機能の変容によってと、高齢者介護施策の方向転換と援助内容の貧困化によって、さまざまな家族病理現象――虐待、暴力、離婚など――を生んでいる。この予防策は、絶対に避けては通れない。新しい家族観の模索と高齢者介護施策の充実から始めなくてはなるまい。

国民性の裏表

秋の彼岸、墓参の帰途「ドナルド・キーン・センター柏崎」を訪れた。偶然にも、当日は開所日、キーン氏は、著書のサインに多忙を極めていた。氏は、日本国籍を取得して半年、名字を「キーンドナルド」漢字表記で「鬼怒鳴門」*と日本式に改めた。温顔に接し、いっぺんにファンになってしまった。

ファンになった理由はこうだ。センター内には、氏の日本文学はじめ広汎な業績紹介のほか、ニューヨークの書斎が再現されていたのだ。日本文学研究者、文芸評論家、コロンビア大学名誉教授、文化勲章受章者の業績と今日までの努力が凝縮されており、その展示内容に圧倒された。そして、鬼怒鳴門氏こそ日本人の心理の裏表を最も知悉《ちしつ》した人であることを思い知らされた。

日本人は、自国の国民性について、身びいきと思われるほど甘い。勤勉、器用、温和、礼儀正しい、思いやり、清潔など美質をあげるときりがないが、現代日本人にみられる無責任、傲慢、法令を守らないなどの悪質が生まれた背景を吟味することを怠ってきた。ことに、傲慢、無責任性はますます顕著になってきた。

鬼怒鳴門氏の著者「明治天皇」（平成十三＝二〇〇一）を一読して、明治期の人物像が活写されていることに敬服した。日本人が遠慮からか、明言を避けてしまいがちな天皇はじめ権力者の気質を、俯瞰的にあるいは共感的に人物像を分析している。この時代の日本人の気質は、勤勉で思いやりもあり、折り目正しさがうかがわれるが、日清・日露戦争に勝利して以降、傲慢さが徐々に増し始めたように思われる。

戦後の日本人は、戦争、原発、学校内暴力、いじめ、年金、汚職など諸問題の責任を誰も取らない。事実を隠蔽し、嘘を平然とつき、全てをうやむやにし、四十五日も経てば皆忘れてしまう能天気ぶり。これを何とかしないと、日本人は世界の物笑いの種になってしまうだろう。鬼怒鳴門氏の研究態度から教えられた一つである。

＊一九二二年ニューヨーク生まれ。日本文学研究者、文芸評論家、コロンビア大学名誉教授。一九四〇年、十八歳の時、アーサー・ウェイリー訳「源氏物語」に感動。以来、日本文学や日本文化の研究を志し、第二次世界大戦終了後、ケンブリッジ大学で教鞭を執った後、一九五三年に京都大学大学院に留学。アメリカ帰国後、コロンビア大学で日本文学を教えながら古典から現代文学に至るまで広く研究し、海外に紹介。日本文学の国際的評価を高めるのに貢献。二〇〇八年文化勲章を受章。二〇一一年東日本大震災後、日本国籍取得を表明。その動機は、大震災後、被災地で懸命に生きる人々の姿を見て「いまこそ、日本人になりたい」と日本国籍取得を決意したという。二〇一二年三月日本国籍取得。国籍取得後の正式名はキーンドナルド。主著に「日本文学の歴史」全一八巻、「明治天皇」等著書多数。二〇一九年二月逝去。

児童家庭福祉相談所

「二歳暴行死、父親逮捕される。乳児院から戻った直後……」

十月末、和歌山県下での出来事だ。「またか……」と嘆声が漏れた。同じことがまた繰り返されたのだ。星涼ちゃん（二）は自宅で、父親によって頭に複数回暴行を加えられ、外傷性くも膜下出血で死亡してしまった。

この父親は、過去に二度星涼ちゃんに対する傷害容疑（起訴猶予）によって逮捕されている。星涼ちゃんは、二年前、頭部出血と右足骨折で入院したことがあった。病院は虐待を疑い児童相談所に通告した。児童相談所は父親を刑事告発、その結果、父親は逮捕され、星涼ちゃんは乳児院に保護されていた。この事件があってから二年後、星涼ちゃんは父親に引き取られることとなった。そして、引き取られて二週間後、星涼ちゃんは、また父親の暴力にあい命を無残にもぎ取られてしまった。児童相談所は、親子関係の調整に努力したようであるが、取り返しのつかない悲劇が再発してしまったのだ。児童相談所は、どのような判断に基づいて父親の元に星涼ちゃんを引き取らせたのであろうか。決定的な判断ミスがあったように思えてならない。理解に苦しむのは私ばかりではなかろう。

同様の事件が起きる度に感じるのだが、児童相談所は家族員個々の性格及び家族力動に関する診断機能が不足しているように思えてならない。家族員個々及び全体の性格及び家族機能に関する心理的・社会的診断能力がなければ、児童ばかりか親の人権をも積極的に守ることができないはずである。

社会福祉的援助全般に言えることだが、介護保険法の場合でも対象高齢者の医学的・社会的診断中心で、家族診断は副次的である。対象児童・高齢者の福祉的ケアに、多次元的総合的診断は絶対に欠かせないはずなのにである。

児童福祉法は、過去に幾度か改正されたが、児童育成の主役である両親及び家族関係の心理的・社会的診断にあまり力点を置かなかったのではないか。この事例を教訓にして、児童相談所の機能・機構・専門能力の改善に努めるべきである。そうでもしないかぎり、星涼ちゃんの悲劇を防止することができないであろう。子供は愛情溢れる家族の存在によって、はじめてその生命・幸福が守られるはずであるからだ。だから、場合によっては、児童相談所の名称を家庭的支援の強化充実を図るため、児童家庭福祉相談所と名称を変えてみてはどうだろうか。児童虐待防止の一助となるかも知れない。

学校教育と体罰

学校教育に体罰や執拗な説諭が必要なのであろうか？　体罰を否定しても否定しても雨後の竹の子の如く、児童に暴力まがいの体罰、心理的圧迫を加える教師が出現する。多少、非行問題児の治療教育に関わった経験から、体罰・暴力・執拗な説諭は、子供の成長や問題行動の改善にマイナスに作用すると断言してよい。体罰は、教育者の自己満足、己のストレス解消に繋がっても、子供は反省し悔悟するどころか、多くの場合却って自己否定感情を強めてしまうだろう。反発心・反抗心を強めてしまいかねない。

最近の事例では、武道教育と体罰の問題が取り上げられた。心配していたことが起こったのである。武道指導中の事故死、宿題をしなかった子供（小六）を指導中、子供が説諭に耐えられず飛び降りを決行してしまった。いずれも神奈川県内で起きた悲惨な事故だ。

学校教育にさまざまな人が携わるのはよいことだと思う。学校医、学校カウンセラー、スクールソーシャルワーカー、地域社会の指導者、武道指導者等々。しかし、前者の事故の場合、武道指導者に教育者としての資質があったのか、研修をしっかり課していたのか。後者の事例では、説諭する場合、子供の性格や状況に応じてするのが鉄則、それが守れないと子供の自尊心を傷つけるばかりか反発心を強めてしまいかねない。過去、さまざまな不幸の事例があったはずである。その教訓が全く生かされていないのを憂える。

教師の注意怠慢から、子供が心身あるいは情緒的障害を受けたり命を奪われた家族の悲嘆ははかりしれないものがある。教師による体罰や暴力、いじめによって子供の命が奪われた家族は、加害者に重罰を科したいほどの気持ちを終生持ち続けるだろう。想像に難くない。こんな不幸は学校から一掃したいものだ。

全人教育を主唱した小原國芳先生の呼び掛け、「人生の最も苦しい、いやな、辛い損な場面を真っ先に微笑をもって担当せよ」の言を拳々《けんけん》服膺《ふくよう》したいものだ。

2
0
1
4

子供たちの不幸

昨年の暮れ、この国は大揺れに揺れた。「特定秘密保護法案」の国会審議を巡ってである。国民の大半が反対ないし慎重審議を期待していたにもかかわらず（内閣府調査）、衆院で強行採決するなど、民主主義のルールに反する行為が目に余った国会審議であった。

隣国の中国・韓国とは相変わらず不仲である。あたかも軍事的衝突を望むような危惧すら感じさせる日中関係である。平和主義を標榜する我が国是では、外交が専一であるはずだ。外交的努力より軍事強化を画策する現政権の目論見は、隣国をして疑念を抱かせるのに十分である。過去の被害感情から日本批判を執拗に繰り返す韓国。明治四十三（一九一〇）年の韓国併合からの韓国民の心情を思えば無理からぬことである。相互不信が平和主義より軍事優先主義に急傾斜する現状を憂える。民間レベルでは日中韓の友好関係は揺るぎないのにである。問題は、政治リーダーの不寛容で不遜な政治的信条と歴史認識の齟齬《そご》が災いしていると思えてならない。

三国のリーダーは、一様に温容な風貌ながら、心中は戦闘的で寛容とほど遠い感情に支配されているのではないだろうか。そして、自国経済の発展と軍事力強化に固執している点も似ている。自国民の心情と近隣諸国との平和的安定を大切にしない点も酷似している。

日本のリーダーは、積極的平和主義を掲げながら、戦前の軍部官僚支配の国に逆戻りしかねない政治信念を持っているようだ。その腹づもりが靖国参拝となって現れていないだろうか。そして、この参拝行為や積極的平和主義の思惑が、隣国のリーダーに軍事大国化への疑心暗鬼を与えているように思えてならない。現政府の政策運営を見ると、国民無視・国会軽視、まさに民主主義の終焉を招きかねない危険な印象を拭えない。

現下の日本の子供たちは、「国民の生命・幸福を守るため」との美言と政権公約にない政策を無理強いする政治手法に無関心である。関心があっても受験に就労に忙殺されている。関心を持つゆとりがないのが実相であろう。彼らが次代の運営を任されたとき、どっさり重荷を背負う危険に気づいていない。これは、不幸の始まりと言うほかはない。

日本人は自虐的か？

総理大臣の安倍さんが、日本人の日頃の行動を「自虐的」と表現した。そうだろうか？私は、温和の中に加虐性が潜んでいると考えている。戦国時代を除いて、明治期富国強兵に舵《かじ》を切って以来、日本人は攻撃的加虐的な性向を露わにしてきた。とくに、武士道精神を忘れた軍部官僚は、傲慢無礼にさえなった。敗戦後、米国に支配された時、一時的に自虐化し温和になったが、経済活動が活発になった頃からアニマル化して、性来の攻撃的加虐的な性向が露わになってきたと考えている。

自虐か加虐かの論争は不毛だろう。誰の心にもこうした傾向は潜んでいる。大事なことは、自身の性向を自覚したうえで、他人や他国民に対してどのように振る舞うことが大切か、ということだろう。最近の我が国の風潮を見ていると、児童・高齢者虐待、いじめ自殺、ストーカー殺人、家庭内暴力など暴力が蔓延している。また、隣国の嫌がることを公然と言葉で表すことが多くなった。

最も胸の痛むことは、日常茶飯的に親が我が子を虐待し殺害してしまう事件が多発していることだ。また、児童相談所や学校職員による性的事件、障害者福祉施設職員による暴力事件など、児童・障害者の人権を真剣に守らなければならぬはずの専門職員が引き起こす事件は、社会に加虐的気分の強いことを示唆している。

児童・高齢者・障害者など社会的弱者に対して労《いたわ》りの心が衰えた国家は、早晩、国際社会から見放され孤児になってしまうだろうことを危惧する。

偶感

最近、総理大臣の言行が独裁者めいてきて不安である。戦前の軍人支配の国家に戻るように感じられてならない。発言された言葉は一見、国民の生命・幸福と国家の安寧を願っていて非の打ち所がないが、どこか虚しい響きと虚偽の匂いがつきまとっていて、俄《にわか》には信じられないのだ。法案審議は民主国家として恥ずかしい限りの欺瞞で固められており、強引に通した法案も、「国民の理解を求める」姿勢に乏しく、総理大臣の答弁を聞く限り自ら幼稚なヤジを飛ばすなど不遜ですらある。国会は、数を恃《たの》んで議会制民主主義を軽んじていないか。総理大臣が任命した要職にある人々の言行も、思慮浅く、歴史認識も偏り、公平中立性を欠く人たちがいて心配だ。さらに、法案に反対する地方の新聞社を誹謗する与党議員の存在は、まるで戦前の特高警察を連想させるほど不気味でさえある。民主国家の議員資質を全く欠いていると言わざるを得ない。

総理の言行で二番目に心配なのは、隣国との信頼関係を自ら欠いていることだ。いつでも交渉の扉は開いていると繰り返すだけで、自ら積極的に胸襟を開こうとしない。靖国神社参拝がよい例だ。外交は拙劣と言わざるを得ない。国家国民の利益を優先するより、己の信念・心情に固執し陶酔している観さえある。総理の唱える積極的平和主義は、軍事大国化を宣言しているようで、日本の右傾化と誹《そし》られる材料をわざわざ隣国に提供し、関係悪化の具にされていることだ。隣国の軍事的脅威を訴え、自ら「法の支配」の重要性を指摘しながら、憲法の立法精神を踏みにじり、国民の理解を得ることなく、衆を頼んで己の政治思想、信念を実現しようとする態度は恐怖政治の再来が予見され恐ろしい。

従来、日本が曲がりなりにも果たしてきた国際貢献の平和維持活動こそ、日本の果たす重要な役割であったし、今後ともその責務は重い。諸外国がこれから経験するであろう少子高齢化社会の課題解決に、日本がその範を示すことで国際貢献したらどうだろう。令和二（二〇二〇）年のオリンピックに向け、国際貢献できる子供たちの育成に努めることも意義あることと思われる。この際、積極的平和主義に関わる防衛費の強化より、憲法の立法精神を遵守し、つまり邦人、外国人の血を流すことなく、民生の安定向上に尽くすことのほうが隣国の疑心暗鬼を払拭できるし、国土防衛に勝ろうというものだ。

政治家の言葉は重い。国民が理解し、信頼できる政策を文字通り有言実行してこそ総理の責めを果たせるのではなかろうか。

人命軽視

冬季オリンピックの感動をよそに、無慈悲、残忍な犯罪行為はマスメディアを連日賑わせている。無差別殺人、少女拉致監禁、ストーカー殺人等々枚挙にいとまがない。学校でのいじめ自殺もなくならない。最近の十八歳少年による少女殺害事件（三重県）は、生命の尊厳を全く無視した情性を欠いた事件と言わざるを得ない。

東日本大震災以来三年が経過した。今回の災害の問題は自然の脅威ばかりでなく、安全神話に凝り固まった原発計画の欠陥による被害が相乗して、未曾有の災害を引き起こしたことである。自然の猛威と人為的ミスとによる二重の惨禍によって、多くの人命が喪《うしな》われたばかりでなく、家族の絆をも無残に断ち切る悲しみと、回復しがたい挫折感とをもたらした。

災害からの復興、被害者等の権利の回復は遅々として進まない。依然仮設住宅に住まざるを得ない人たちの精神的状況、ことに高齢者の生活不安、遠隔地で家族バラバラに暮らす者たちの焦慮はいかばかりであろう。

残酷な犯罪の発生といい、災害からの回復の遅れといい、その根本原因は、人命の軽視、人権を軽んじる風潮がわたしたち日本人の心に住みついているためではなかろうか。それ以上に、国のリーダーたちの福祉や国益を危うくする言動が、国民を疑惑と不信の虜《とりこ》に落とし込んでいる。特に、時代錯誤ともとれる歴史認識、国家主義的まがいの言動が隣国に日本攻撃の言質を与えている。なにしろ先の大戦以来、リーダーが責任をとることを忘れ、しかも恬《てん》として羞《は》じないのだから、下万民が見倣ったとて何ら不思議ではない。

日本人は、何故こうも責任逃れをしたがるのか。教育の現場では、いじめの真相を隠蔽し、虚偽で責任逃れを図る教育者の何と多いことか。政治家や官界、経済界においても同様、違法なことをしても、発覚しない限りは善人面をして居座る。最近の子供たちの言動を見ていると大人たちの無法を模倣していることがよく分かる。

かって、ある司法の専門家がこんなことを言っていた。日本人は、犯罪を犯すと容易に警察官に謝り、反省の態度を示したという。現在の被疑者は無実だと頑強に言い張る。権威に弱い日本人の性向がよく現われた現象と考えてよい。そして、今は、権威を喪失した輩《やから》がこの国を牛耳っていることを示していないか。だから、犯罪を犯しても「お前たちも同罪だ」と言わんばかりである。子供たちが陰湿な行動を取る背景に大人の人命軽視、人権無視の無責任ぶりが影響していないか、吟味する必要がある。

大震災後三年経過

「帝都荒廃の光景哀れといふも愚かなり。されどつらつら明治以降大正現代の帝都を見れば、いはゆる山師の玄関に異ならず。愚民を欺くいかさま物に過ぎざれば、灰燼になりしとてさして惜しむには及ばず。近年世間一般奢侈驕慢、貪欲飽くことを知らざりし有様を顧れば、この度の惨禍は実に天罰なりといふべし。何ぞ深く悲しむに及ばむや。民は既に家を失ひ国*もまた空しからむとす。外観をのみ修飾して百年の計をなさざる国家の末路は即かくの如し。自業自得天罰覿面《てきめん》といふべきのみ」。

江戸戯作者のように強権に反発して生きた作家。永井荷風**の関東大震災三日目の日記である。「至る処糞尿の臭気甚だしく……」のさなか、為政者の姿勢をひそかに批判する。直接被害の少なかった者は事態を鳥瞰的に見る余裕があるが、真実は地面を這いずって見なくては分からない。被害が少なかった荷風は、鳥瞰的に事態を批判できた。そして惨状原因の一面を捉えたが、甚大な被害を受けた人の悲嘆、苦悩を実感できていない。傍観者は、得てして惨状時の認識・感情を忘却しやすいし、時間が経てば被災者と非被災者との認識・感情は大きくずれてしまう。

今回の災厄も東北三県の被災者と非被災者との間では、その認識・感情に相当の格差が生じ、後者では風化の兆しさえある。原発被災者の苦悩に至っては、想像を遥かに超え、その解決の難しさから、一般では思考停止の状態になってしまう。

そこで忘れてならないのは、荷風の言葉「百年の計をなさざる……」国家の責任である。遅れがちな復興計画の責めは何処《いずこ》にあるのだろう。被災住民の自治を等閑視し、行政の縦割りの弊害を解決できない為政者に原因があるように思われてならない。被災住民の自治を尊重し、要望をしっかり聞き、復興の百年の計を立てることが肝要だ。

＊このところは、金蔵の意。
＊＊「あめりか物語」「すみだ川」「腕くらべ」「おかめ笹」「濹東綺譚」「断腸亭日乗」で知られる小説家。文化勲章受章者（一八七九〜一九五九）。

道徳教育の必要性

マスメディアの発達によって、殺人事件のような悲惨な事件が詳細に報道されるようになった。識者の論評もさまざまな角度からなされ、再発防止の教訓が得られるようになったのは心強い。しかし、過去の教訓が十分に生かされていないように思われてならない。

最近起きた十八歳少年による少女殺害事件（三重県）がよい例だ。被害にあった少女は中学三年生（十五）。花火大会の帰途、夜十時半頃友人と別れた後、行方不明となった。加害少年は、犯行当時高校三年生だった。彼は、日頃学校や地域社会で全く問題視されないいわば「普通」の少年だった。思春期、青年前期の発達途上にある少年は、思いがけない事件を突発的に起こす可能性がある。感情や欲求をコントロールするのが難しい年頃なのだ。一人歩きの少女、人通りの少ない闇夜、欲望充足し易い空間、ネット・雑誌等から得た欲求充足の知識などが重なって、突然のように欲望が抑えられなくなる時がある。

近頃の社会風潮をみるに、倫理・道徳は地に墜ちたと嘆かざるを得ない。大人社会の法令無視、徳性を欠いた破廉恥、無責任な行動等々、これに感染したように子供の世界に陰惨な事件が蔓延している。なにしろ、日本の各界リーダーは法令を守らないばかりか、憲法を平然と破り、セクハラ・パワハラなどは朝飯前、自己の犯した非行の責任を取ることさえしないのであるから、道徳・倫理の必要性を唱えても、何を言っても子供たちの心に響かないであろう。

時の政府がいじめ問題への対応として、道徳教育を教科に取り入れたい動機は理解できないことはない。しかし、戦前型の徳目の押し着せであっては子供たちの失笑を買うだろう。道徳教育を提唱する大人が守れないのだから。育成したい徳目について、子供が自分自身で批判したり、納得できたり、判断できるような教育方法を模索したいものだ。子供自身による行動の成績評価は如何だろう。

まずは、大人の未熟で破廉恥、無責任の傾向を直視し、精神的成熟を図ることが先決だろう。

無残な海難事故

二〇一四年四月十六日、韓国で発生した大型旅客船セウォル号の海難事故*は、なんと悲劇的で無残な出来事であったことか。船客・四七六名（なかには、修学旅行の高校生三二五名、付き添い教員一四名が乗船していた）中死者二九五名、行方不明九名の犠牲者を出した。多くの若者の命が、船長の犯罪的な行動（いち早く乗船から逃亡した）によって一瞬のうちに奪われてしまったのだ。まさに、筆舌に尽くし難い悲惨な事件であった。保護者の悲鳴はわが胸に突き刺さるようだった。そして、日韓両国民の人命・人権擁護意識・感覚の在り方を考えさせられた事故でもあった。

かって、韓国の若者（彼は日本語の習得に来日していた）が、ホームから転落した酔客を救助しようとして、命を落とした事故があった。このとき、若者と共に救出に当たった日本人男性も犠牲となった。彼らのこの勇気ある行動が、他人に無関心となりつつあった当時の日本国民に深い感動を巻き起こし、まさに頂門の一針となったのだ。

この海難事故でとった船長の無責任極まりない行動が、さきの若者と同国人とは全く想像もつかない。その落差の大きさに一驚させられた思いであった。韓国民は、戦前のわが軍人政府の取った非人道的・人権無視の慰安婦問題に、謝罪と保障を厳しく求める人々だ。戦後生まれの日本の若者たちは、かっての同胞の悲劇に、謝罪と人権の回復を激しく主張する行動に対し、抗すべき言葉を喪《うしな》っていた。だから、多くの人命を預かる責任ある人がこのような行動を取るとは、想像だにできなかったのはこのためである。このたびの海難事故で示した船長や海洋警察員の行動が、決して韓国民の典型であるはずがないだろう。

この事故に対して、日本の識者は海難事故対応の彼我の違いを述べていたが、日本の実情が果たして大丈夫といえるのだろうか心もとない。「日本ならこうした」と言うが如き論調は、「天に向かって唾する」類のものになろうと危惧するのは私一人ではあるまい。過去に起こった潜水艦と釣り船の追突事件、自衛艦と漁船の衝突事故、海上自衛隊員のいじめ・自殺事件の顛末をみると、弱者は恒《つね》に守られていない印象を抱かざるを得ない。

＊平成二十六（二〇一四）年四月十六日に発生した大型旅客船の転覆事故。この多くの人命を失った海難事故の原因は、過積載、不適切な船体改造、船員の過失などさまざまに考えられている。船主、乗員の過失による事故とされ起訴、公判が続けられている。

差別

サッカー界の呆《あき》れた人種差別事件。＊ 戦後、中学生時代に読んだ島崎藤村の「破戒」＊＊は衝撃的であった、と同時に背筋が寒くなるほど感動を覚えたものである。人間差別がこの世に存在することが到底信じられなかった。身分を知られた教師丑松は、教え子の前で「私は穢多《えた》です、調里です、不浄な人間です」と跪《ひざまず》いて告白したのである。その気概に畏敬の念を抱くと同時に、人間差別の存在を怖れた。

子供時代、仲間同士で訳もなく差別用語を連発して遊んでいた。同胞に被差別階級の人たちが存在したことを全く教えられていなかったのだ。後年、教師となり大学生に社会福祉の歴史を講義する段になって、被差別部落の歴史や実情を余りにも知らない学生の多さに唖然《あぜん》としたものだ。

日本人は、歴史や現実に存在する陰の部分に目をつぶる習性があるようだ。江戸時代の「飯盛り女***」、明治時代初期の外国居留民の遊郭、戦中の外国人慰安婦問題などなど、女性を牛馬のように扱った人権無視の暗い影の歴史に眼を覆ってきたふしがある。また、慰安婦問題の陰に、多くの同胞の娘たちが売られていった歴史****を忘れている。江戸幕府は人身売買を禁じていたが、娘たちは公然と売られていった。明治以降も政府は禁止令を発してはいたが、娘たちは海外まで事実上売られていっていたのだった。

戦時慰安婦の問題は、自国民の恥部を見るようで記憶の外に置かれていたのだろう。いな、汚点として記憶から消し去ろうとしていたと思う。なかには、戦争中はどこの国も慰安所を設けていたと、嘯《うそぶ》く輩《やから》も登場する。慰安婦問題は、同時に日本の若い娘の人権蹂躙《じゅうりん》の問題であったことを忘れてはなるまい。

＊熱烈なサッカーファンが掲げた横断幕に、外国人選手に対する誹謗中傷の文句が書き込まれていた。

**島崎藤村の自然主義文学の先駆けとなった長編小説。主人公の瀬川丑松は、被差別部落出身の小学校教師。父親の戒を破って自分の素性を告白、周囲の因襲と闘う苦悩を描いた作品である。

***「請状にみる飯盛女の存在形態」『総合女性史研究』第6号(宇佐美ミサ子)に詳しい。

****「サンダカン八番娼館」(山崎朋子)に、海外に売られていった女性の記録がある。

戦前回帰妄想

最近、必要があって永井荷風の「断腸亭日乗*」を読んでいる。明治から昭和にわたって書き続けられた日記であるが、東京風俗の変遷を知るには格好の読み物である。西欧文化になじんだ若き耽美《たんび》派の荷風は、明治日本の国家、都会を、未成熟で西欧文化の猿真似に過ぎないと嫌悪し、痛烈に皮肉る。大逆事件**被告の死刑執行後、さらに自由を抑圧する権力に背を向け、狭斜の世界へ韜晦《とうかい》するのだった。

六十四歳の彼は書く、「近年軍人政府の為す所を見るに事の大小に関せず愚劣野卑にして国家的品位を保つもの殆なし……低劣滑稽なる政治の行われしこといまだかって一たびもその例なかりしなり。かくの如き国家と政府の行末はいかになるべきや」(昭和十八年六月二十五日)、「日米戦争は畢竟軍人の腹を肥やすに過ぎず。その敗北に帰するや自業自得というべし」(昭和十九年九月初七)と、時の権力を揶揄《やゆ》、「とにかく平和ほどよきはなく戦争ほどおそるべきものはなし」(昭和二十〈一九四五〉年八月十八日)と結んでいる。

当時、軍国少年だった私は、玉砕を続ける日本を「負ける」と言って、母親にこっぴどく叱られたものだ。子供心に唖然《あぜん》としたのは、大人たちの間では神国である日本が最後には神風によって必ず「勝つ」と信じられていたことである。

こんな時代に逆戻りしそうな最近の世相に、恐れを抱いているのは私だけではあるまい。自然の脅威を忘れ、現代科学文明を過信し、謙虚さを失った日本。軍事力の増強を続ける隣国の脅威に、軍備増強で対応を図る現政権の積極的平和主義政策を危惧する。戦後、一人の戦死者を出さずそして殺さず、平和主義・人道支援で国際貢献を貫いた日本をせめても誇りに思う。

＊永井荷風(一八七九〜一九五九)の日記。明治期の文明を嫌悪し、花柳界など下層狭斜の風俗を描く。「すみだ川」「腕くらべ」「墨東綺譚」「日記」など。文化勲章を受章する。

＊＊明治天皇暗殺計画の発覚によって起きた弾圧事件(明治四十三＝一九一〇)。社会主義者、無政府主義者が捕らえられた大逆罪で起訴され、幸徳秋水等一二名が処刑された。幸徳事件。

シングルマザー

母子家庭一二四万世帯、父子家庭二二万世帯といずれも増加傾向にある。この四十年間で倍増しているという（二〇一一、厚労省）。母子家庭となった原因はさまざまだが、ことに死別、離婚、非婚などが挙げられている。そして、大変気になるのは、生活に困窮している家庭が少なくないこと、とりわけ子供の育成に苦悩していることだ。

私は戦前期、母子家庭で育った。父親は私の二歳時、当時死病であった結核で世を去っている。母親は、鍛造会社の住み込み賄い婦などをしながら戦前、戦後を乗り切った。

私は、幼児期から臆病で泣き虫、小学校時代はいじめられっ子であった。だから、職工たちの男らしさを肌で感じながらも、荒らくれた物言いに怖《お》じけた。

当時の発達心理学は、母子家庭で育った子供の人格形成に危険信号を発していたように思う。何故なら、母親は母性に加え父性的役割も要求されていた。母親の精神的な負担は経済的負担より重かったに違いない。母親は、反抗する私に困り、民生委員に愚痴をこぼし嗚咽《おえつ》が漏れた。私は、嘆く母親を見て、罪障感とそれ以上に母親を嫌悪した。観世音菩薩から羅刹女《らせつにょ》へ格下げ、いじけ者へ変身していった。

だから、シングルマザーの苦悩はよく分かる。子供の人格形成にとって男性性育成の重大さを強調したい。少子化時代の今、児童虐待、家庭内暴力、ストーカー行為に走る男性性欠如の男を見るにつけ、母子家庭を積極的に支援し、子育てが安心してできる環境を整備してあげたいものだ。

君子豹変

中国故事「君子豹変《ひょうへん》」は正しくは褒め言葉である。日本では間違って、変節漢への非難に使っている。「国民の命を守る」との美名のもと、集団的自衛権が喧《やかま》しく論じられている。国民の生命・財産を守るべき国家の使命は重大だ。だが、この国は戦争を放棄した。外交的努力によって国民が危機的事態に陥らぬよう努力義務が課せられている。

日本国は憲法の立法精神に従って、国際貢献してきた。国連活動参加の際、自衛隊員の血を一滴も流さず国際平和維持に貢献したことを誇示してもよい。現下、世界情勢は悪化の一途をたどり、昔の教師でもあった隣国は、今や独善的国家に成り下がった観があり、たしかに脅威的な存在だ。

国際緊張が高まるなか、国は、同盟国の援助の下、国民の命を必死に守るべきである。だからといって、海外の同胞や同盟国を守る理由から武器を構えることは、戦端を開くことに繋がり、立法精神に背く。事態によっては同盟国に泣いて縋《すが》ることがあってもよいのだ。そのために日頃から国際協調に務め、世界平和の実現に努力を惜しむべきでない。せめて、拉致問題の被害国でもあった我が国は、国民の命を守るため海上警察能力をしっかり強化する必要がある。自国の沿岸を守れなくて一国の責務を全うできない。

憲法を独善的に解釈しだすと、戦前の軍人政府が犯した過ちを再び繰り返す虞《おそれ》がでる。国是は、自らの戦争によって一人の血も流さないことだ。権力者は「君子豹変」する努力を惜しまぬよう常に心がけて欲しい。

教訓を生かそう

今、日本の世情は、いつ災難が降りかかってくるかも知れぬほど不安感が増しつつある。七月中旬、倉敷市内で小五の咲良ちゃん（十一）が帰校後自宅付近で中年男に脅迫・拉致・

監禁される事件が発生した。既に解決をみたがさまざまな課題を残した。

母親の話では、帰校時迎えに行く約束だったが、妹の急病で叶わぬこととなった。咲良ちゃんは五月頃から不審者につきまとわれるようになり、母親は、咲良ちゃんにGPS付き携帯を所持させ、警察署へ相談にも行っていた。

この種の事件が発生する度に、渦中の家庭、学校、警察、近隣は再発防止に懸命となるが、他地域はその教訓を生かし切っていないのは何故だろう。「熱しやすく冷めやすい」日本人の気質が災いしてか、継続性がない。今回も、母親は警察署へ相談に行っているが、学校はこの情報を把握していたのだろうか。警察署と学校間の連絡は常時とれていたろうか。学校は、PTA、地域、警察署と協力して、危険防止策を講じていたはずと思うが。

登下校時は危険がいっぱいである。都会であれば交通事故、過疎地域では性犯罪の危険が待ち構えている。学校は、子供一人ひとりの危険度を予測し、家庭、地域、警察署と連携して子供たちを見守る責務があろう。

一部の学習塾では既に家庭と連携し、GPSなどを活用して子供の動静を把握、安全を図っている。学校、家庭、地域、警察署も子供の命、人権を守るため情報連携システムを確立し、危険防止対策を強化する必要があろう。

男中心社会

我が国は、卑弥呼《ひみこ》という女性が君臨した国柄である。国造り神話でも女神アマテラスが中心であった。過去、年輩の女性に敬意を添えて「刀自《とじ》」と呼称した時代があった。江戸時代、儒教道徳で抑制された武士の妻を除けば、江戸の一般庶民は「カカア天下」であったらしい。明治政府は、女性の地位を儒教道徳で縛り、その残滓《ざんし》が現代に残る。

ところで、現代日本社会は男中心の社会といえよう。先進国のなかで女性の占める社会的地位が著しく低い。国会議員、官僚、経済人など、この国のリーダーは大半を男性で占めている。自由、平等、人権を尊ぶ憲法下、依然「イエ」観念が跋扈《ばっこ》している。結婚は、「嫁を貰う」「夫の姓を名乗る」ことだと勘違いした若者のなんと多いことか。殺人・傷害行為、ドメスティック・バイオレンス、ストーカー犯罪の十中八九は男性である。まるで男性は女性を支配し、殺傷する特権を持ったかのように錯覚している。

戸籍を持たない人たちが万単位で存在するという。日本人としての権利や福祉制度の埒《らち》外《がい》に置かれた人々である。これらも、煎じ詰めれば戦前の道徳、「イエ」制度観でつくられた男中心の家族制度の残滓による。

日本の男性たちは、伝統的価値観に胡坐《あぐら》をかき亭主関白気取りでいる。江戸のサムライほどの惻隠《そくいん》の情も腹切り精神も持ち合わせていない。無責任ぶりがその証左といってよい。子供、女性を社会の中心に仲間入りさせないと、日本はグローバル社会の孤児になってしまうだろう。

もっと子供に目配りを

五月、アパートの一室で白骨化した子供の遺体が発見された。死亡してから七年が経過していた。「子供の命が繋がっていることへの危機感が当時は薄かったのでは」と、神奈川県知事が記者に応えた。

父親に放置され衰弱死した理玖ちゃんは、三歳の早朝、紙オムツ、裸足で歩いていたところを警察官に保護され、児童相談所に送られた。「迷子」として母親に引き取られたが、事後調査が行われなかった。三歳児健診も小学校入学説明会も欠席、十分な調査もされず、教委によって学籍簿から削除された。いつの頃からか理玖母子は父親の暴力に襲われていた。母親の家出、養育を放棄し女に走った父親は致死容疑で逮捕された。

六月、栃木県今市市（当時）で発生した有希ちゃん（当時七歳）拉致・殺害事件の犯人（三十二）が逮捕された。無残な遺体であった。事件発生から八年が経過していた。

昨年四月、横浜の山林であいりちゃん（六）の遺体が発見された。加害者は母親（三十一）と同居男（二十九）の暴行によるものであった。

最近、気になった子供の殺傷事件を列挙してみたが、殺された子供たちが哀れでならない。加害者の無慈悲な行為の原因は、いつか明らかになろう。問題は、援助機関の専門性や専門家としての倫理――知事が気にした命に関わる危機感の薄れである。薄れていないまでも、業務繁忙から、見守り、上司への報告、関係機関への連絡などの欠落が不幸を招いていたかも知れない。第三者委員会の真摯な検討に期待したい。

生命・人権尊重の危うさ

日本人の美点は勤勉と親切さにある。欠点は真実を平然と隠す習癖と生命・人権を軽視する傲慢さだ。欠点の一つは、国内に向かって「自衛隊は軍隊ではない」と言い、外に向かって「軍隊」と表示していること。また生命・人権軽視の実態は、増加する児童・高齢者虐待、残酷ないじめ、セクハラ、無差別殺人、強固な差別感の存在などなど。

この国は、国民の生命・人権を尊重する精神が口先だけで心底欠けている。六月の都議会で女性蔑視のヤジが声高に叫ばれていた。まるで明治期の女性差別観念から少しも成長していない。女性、子供を襲い性的暴行・殺害を平然と敢行する事件が後を絶たない。夫による妻子に対する暴力も深刻だ。

六月の中旬、千葉県で親子四人の飛び降り事件があった。母親が嫌がる子供をビルの屋上から突き落としたという。母親に同情すべき点が皆無ではないが、間違いなく「子殺し」である。これを「無理心中」と伝えるマスメディアの報道姿勢に、子供の人権尊重への視点欠如を感じる。

子供、女性の生命・人権尊重の精神が脆弱《ぜいじゃく》なのは何故だろう。現憲法制定から六十八年、戦争を放棄し、基本的人権を確立強化したのに、先進国の中で依然として子供と女性に関わる政策が未熟なのは、立憲精神を曲げ人権理念を軽視する政治の危うさにあろう。

百十年程前、明治政府に敢然として闘った「廃娼運動」の木下尚江*、「足尾銅山鉱毒事件」の田中正造**の精神を、遅ればせながら学ぶ必要がある。

＊一八六九〜一九三七。社会思想家・作家。社会運動（廃娼運動など）に奔走、日露戦争には非戦論を唱え、反戦小説「火の柱」を新聞に連載する。

＊＊一八四一〜一九一三。政治家。自由民権運動に参加。一八九〇年衆議院議員。足尾銅山鉱毒事件解決に努力、一九〇一年天皇に直訴。終生足尾銅山鉱毒事件解決に力を注ぐ。

日本人のこだわり

今、日本人は幸福だろうか？　ことに子供たちはどうだろう。さまざまな世界指標からみると、子育て支援の状況は、子供一人当たりの支援支出（一人当たりＧＤＰに対する割合）が先進国中低位にある。少子化の大きな原因と考えられている。そして子供たちは、学校や地域社会において、いじめ、不登校、非行、ポルノ、体罰被害にさらされている。「子どもの権利条約」がしっかり守られているとは言い難い状況にある。

戦後、国民は懸命に働きともかくも飢えを解決し、生活に困窮する他国を援助できるところまできた。国是に従って国際平和への貢献もしている。アメリカの付属国家の観を呈しながら経済大国へと成長した結果である。軍隊を持たなかったことが幸いしたと言えないこともない。しかし、いつの間にか自衛隊という世界十位ほどの軍事力を備えた。

国民の幸福実現にとって最も基本的な政策は、公教育の充実にある。明治期の国運の発展は、明治五（一八七二）年の教育制度の発足にあったことは確かだ。グローバル化の世界情勢下、現下の学校教育は幾多の課題を抱えている。公教育への信頼が失われつつあると危惧する者も多い。

隣国の軍事的脅威を理由に、軍事強化で隣国の脅威を抑止する主張が頭をもたげてきた。現政権は憲法の基本理念を曲げて、戦端を開く危険を冒している。まるで日清・日露、第二次世界大戦前夜の高揚した気分に郷愁を感じている観がある。軍事強化へのこだわりは、子供や女性の幸福実現をさらに棚上げしてしまいかねない。

教育者の資質

政府の教育再生実行会議（首相の私的諮問機関）は、幼児教育から大学までの学制見直しに関する提言を首相に提出した。提言内容の主要なものは、幼稚園や保育所などで三〜五歳児が受ける教育を段階的に無償化し、義務教育年齢を五歳からとするものであった。

これに要する費用は巨額なものだが、国家百年の計の基本となる改革と確信できるから、年齢を三歳に前倒ししても良いくらいだ。そうすれば、保育所待機問題もある程度緩和されよう。従来、保育と幼児教育の一元化は早くから叫ばれていた。保育にも教育の要素があり、幼児教育にも保育の要素が含まれているからだ。縦割り行政の弊害がなかなか改善されないこの国の悪弊が改革を狭めてきた。

子供への愛情豊かな保護、社会性の育成、能力の開発が早期に行われることで、人格の発達と健康の促進が無理なく図られよう。そして、親は安心して子育てと仕事が効果的に実行できよう。少子高齢社会の課題も解消されるだろう。

この改革の核心部分は、教育者の資質にかかっている。現在の教育界にみられる、例えばいじめ行為を判断できない感覚の鈍さ、いじめ問題を隠蔽する姑息さなどの現象は、教育者精神の衰弱化にあろう。教育者には、社会正義、自由、人権、民主主義などの価値観をしっかり体得させる必要がある。「人生の最も苦しい、いやな、辛い損な場面を真っ先に微笑をもって担当せよ」と語った教育界の先輩の心が、身に染み通るよう教育者を育成することが肝要である。

佐世保の少年事件

またも戦慄すべき事件（佐世保少年事件）[*]が起きてしまった。滅多に起きない希有な事件と片付けてはならないと、声を大にして主張したい衝動に駆られる。十七年前の酒鬼薔薇聖斗事件（神戸児童連続殺傷事件）[**]を想起した人も多かろうと思う。あの頃から、少年による「人を殺してみたい」を動機とした殺人行為が目立つようになってきた。この国の世情に、少年ばかりでなく、大人の心にも抑えられた激しい攻撃的衝動が渦を巻いているように思えてならない。精神的障害に進展しかねないほどストレスの多い社会が、この種の犯罪行動の根底にあると考えてよい。

今回の事件でも、この凄まじい殺人行為が恐ろしいほど冷酷・冷静に計画され、最も親しかった同級生に向けられたことに注目したい。この攻撃的欲動を完遂したい心が彼女の心を支配しだしたのはいつだったのだろうか。

この種の事件が起きるたびに、希有なあるいは精神異常による事件として忘れてしまうが、もっと事件の内容を精査して、何らかの教訓を引き出し、予防対策の一助に加えるべきではなかろうか。

この事件は予防が可能だったと思われてならないのだ。加害少年は小学校時代、学校給食に異物を混入する事件を起こしている。その後動物虐待の行為や母親の死後、再婚した父親に暴力をふるっている。高校進学後、不登校状態にあったことなどから推測しても、激しい精神的葛藤が認められていた。したがって、早期から何らかの心理・社会的援助が必要だったのだ。家庭・学校は、学校スクールカウンセラーなど心の専門家を交えて継続的な援助を実施すべきだったと思うのだ。我が国の児童生徒の不幸は、子供の精神的不健康状態を察知できない教育者の観察能力の未熟性にある。それに加えて、一つは学校・教育機関と児童相談所・精神科等医療機関・警察署との連携不足、せっかく設けられた学校カウンセラー・スクールソーシャルワーカー制度を生かし切っていないところにある。

＊加害少年は同市の女子高校生。家庭は佐世保市内でも有名な弁護士一家。母親の死亡と父親の再婚。彼女は、早くから問題行動の多い女児であった。犯行当時は父親と別居生活。その室内で最も親しかった女子を計画的に殺害してしまった。精神科医にもかかり援助を受けていたが、精神科医と児童相談所の連携不足からこの悲劇を防止できなかった。医療・福祉機関の専門家のモラルが問われる事件でもあった。

＊＊一九九七年神戸市で発生した中学校の校門に切断された男子児童（十）の首が置かれた酸鼻を極めた事件。犯行声明文には警察をあざ笑うが如き文面がしたためられていた。加害少年・中学三年生（十四）はこの事件以前にも団地内で一人の少女を殺害、一人に重傷を負わせる事件を起こしていた。

最悪

児童虐待件数が七万件を突破した（厚労省発表）。平成二十三（二〇一一）年度、全国児童相談所の調査によると、前年度を七千余件上回り、調査開始以来二十三年連続過去最多を記録したのだ。

虐待事例で一番の問題は、虐待防止に関わる児童相談所、教育委員会、市町村、警察署など機関の連携が依然不手際であることが判明したことだ。児童虐待に対する一般人の関心がようやく高まってきたのに、援助機関による対応が後手に回り、悲劇を防止できていないのが実情である。

この年八月、愛媛県で起きた十七歳少女の遺体遺棄事件は、彼女が死に至る前に救助できた事例と思われる。近隣の人たちの通告があったにもかかわらず、関係機関の連携が欠如していたこと、さらに専門家及び機関の判断ミスが加わり、通告を生かすことができなかった不幸な事例であった。

二十五年前、東京綾瀬で起きた凄惨な監禁・虐待・死体遺棄事件*を思い起こす。この頃から家庭崩壊が進行し、ことに家庭の養育・教育機能が弱体化しはじめた。拉致し自宅監禁を続ける加害少年の保護者である両親――知性もあり安定した職業を持ち経済的に恵まれていた――が存在していたにもかかわらず、しかも事実を承知しながら自分の子供の暴力を怖れ、被害少女を救出できなかったのだ。まだ、児童虐待防止法が制定される以前の出来事であったが。

今回の事件では、驚くことに、保護者自らが加害少年と共に日常的に虐待を繰り返していたというのだ。日本の家庭は、二十五年前から既に子供の生命・人権を安全に守る能力を喪《うしな》いかけていたことを想起したい。あれほど凄惨を極めた東京綾瀬事件の教訓を生かし、専門機関が家庭の養育・教育機能の弱体化を念頭に置いて積極的に介入していれば、当然不幸は防げたはずである。あたりまえに調査機能を働かせていれば、被害者はじめ当事者の実態が把握されたはずである。それにつけても援助機関の専門性が疑われてならない。児童相談所は、何故少女との面接、家庭への連絡・調査を綿密に実施しなかったのだろうか。児童福祉の現状は、実に寒々しい限りだ。

児童虐待は家庭の養育・教育機能の衰退・劣化とともに始まると考えてよいだろう。保護者の人格上の問題と夫婦間の愛情関係、経済能力の生活実態が把握できれば、保護者の養育・教育能力の診断は可能だろう。多くの不幸は、この実態把握を欠いているところから発生していると考えてよい。最悪の事態はここから始まると言っても過言ではない。

＊昭和六十三（一九八八）年から翌年にかけて起きた凄惨を極めた事件。四人の少年等による少女拉致・監禁・強姦・殺人・遺体遺棄という残酷きわまりない犯行であった。加害少年らは刑事裁判にかけられ、主犯格少年らに懲役刑が言い渡された。同年齢の子を持つ親に衝撃を与えた事件であった。

女性差別の深層

日本社会の各層で女性差別が露《あら》わになっている。国会、地方議会の選良たちの差別発言がよい証拠である。セクハラ、パワハラは日常的と言ってよい。戦後、新憲法の下、女性が自由、平等、人権を一層保障されるようになったことで、確かに女性の存在は「靴下」ほど強くなった。しかし、戦後七十年、その歩みは遅々たるものだ。先進国のなかで国会議員、官僚、産業界の管理職に占める女性の数の何と少ないことか。

日頃、民俗学者の宮本常一から沢山のことを学んでいる。同氏の著書「離島の旅」の文中、次の一節に胸を突かれた。大戦突入の前夜（昭和十五＝一九四〇）種子島の旅宿の隣室で、警官と女の会話を耳にした。警察署長に可愛がってもらうのは光栄だ。きらいでないのに何故いうことを聞かぬ、と。あきらかに、日本男児の得意の弁舌で権威をかさにきてセックスを強要しているのだ。「私は強い憤りをおぼえたが、隣の部屋に踏みこむ勇気もなかった。そして真実なるもの、かがやける人間の生命がそこでもここでも、正義や光栄を名にして踏みにじられていくように思えた。隣の部屋が急に静かになった。女がうなずいたのか、それとも拒否が通ったのか」。

現下でも、これに類する行為が半ば公然と行われているように思われてならない。現下の日本はセックス産業が花盛りである。女子高生は「援助交際」を口実に金銭欲しさから平然と肉体を提供する。まったく悪びれたところがない。なぜこうも、セクハラ・パワハラ・児童ポルノが横行するのか。さらに、「韓国人慰安婦」問題が何時までも解決できない理由も真摯に追求すべきではなかろうか。「日本人の性に関する意識」の歴史的追求である。

思うに、日本人にとって、自由・平等・人権は時の権力から闘い取ったものでなく、占領軍から与えられたものだけに、脳髄の奥までしみ通っていないためではないか。宮本の言う「かがやける人間の生命」観もまだ未熟だ。為政者は、口先では「生命を守る」と高言するが、真実真剣みが薄い。その証拠には、拉致問題は依然未解決だし、解決への意欲が見えてこない。連日の如く発生する子供や障害者への虐待、幼い女児の飛び降り自殺、全盲女性を突き飛ばす出来事を聞くにつけ、そう思わざるをえない。

かわいそうな美怜ちゃん

行方不明だった生田美怜ちゃん（六）が無残な遺体で発見された。* 間もなく犯人の男（四十七）が逮捕された。感情の持って行き場のないほどの猟奇的で凄惨な事件であった。

この二十年間、子供の悲しい事件が後を絶たない。子供間のいじめ・自殺・殺傷害事件、成人による拉致監禁・殺害事件など枚挙にいとまがない。一方では、青少年の間に、援助交際など性的に放縦な事件も続発している。かかる事件も子供が犯罪の被害者になりかねない危険な事案でもある。

思うに、日本民族は女性、子供に対し根強い差別意識を持っているのではないかとの危惧の念が生じてならない。なぜならば、人権に対する意識は先進国中最低であるからだ。江戸時代の権力者が抱いた女性観、「女はすべて文盲なるをよしとす。女の才あるは大に害をなす……女は和順なるをよしとす」（松平定信）は、現代に至ってもなお、日本人の心の奥底に色濃く残っているように思えてならない。男中心の儒教主義・封建思想から抜け出すことができずにいるためではなかろうか。

美怜ちゃん事件の発生やシングルマザーの家庭に生じるさまざまな問題の根底に、子供の安心・安全を積極的に図ろうとしない、また女性の育児や経済的不安を等閑視する社会的な風潮が色濃く残っているためではなかろうか。人権に対する脆弱な観念と日本人の心中に蹲《うずくま》る差別意識が病根としてあると考えてよいだろう。その病根は、児童ポルノ、ソープランド、援助交際・JK、花盛りの性産業のかたちで発症している。女性・子供に対する意識的無意識的に存在する差別感がよい証拠である。

われわれ日本人の男たちは、美怜ちゃん事件からみえた人権に対する鈍感さや、無意識裡《り》にある根強い女性に対する差別感が災いの一因となっていることを忘れてはなるまい。

＊平成二十六（二〇一四）年九月二十六日に神戸市長田区で起きた小学一年生女児のバラバラ遺体遺棄事件。

新たな援助交際

数年前から女子高校生の間で、新手の援助交際が目立ち始めた。JKと略称されている。ネットや、繁華街で直接勧誘する女子高生の姿が撮られている。「散歩」「ハグ」「添い寝」など男性とのわずか数分間の接触で、数千円以上にもなる危険なアルバイトだという。

こんな危険な行為に走る少女たちの動機は、遊興費欲しさの小遣い稼ぎではあるが、親の生活苦をみかねて「家計の足し」を口実に街角に立つ例もあると聞く。

　このＪＫ問題が、アメリカ国防省の年次報告で「人身売買」と指摘され批判された。しかし、日本人は、この新たな社会現象を、深刻な人権侵害と捉えるより、性風俗の乱れとし頭を痛めるのみである。なにしろ、ソープランドをはじめ児童ポルノ、大麻、危険ドラッグ、セクハラなどセックス産業や女性蔑視の行為が至る所で日常化しているし、女子中高生の小遣い稼ぎも常態化している有り様であるからだ。

　思うに、日本男子の好色性や性観念の安易さは、他国人に劣らぬほど強固ではなかろうか。江戸時代の吉原、明治以降の遊郭などの性風俗を見る限りは、生活困窮、性差別、人権侵害を外見の華麗さで覆い隠してきた観がある。ことに、女性蔑視の観念は執拗なぐらい根強い。日本が援助交際やＪＫの性問題を解決できないのは、日本人の性観念と好色な性向が相乗しているためではないだろうか。大戦前夜、荷風散人は、「断腸亭日乗」（一九三八年八月八日）に記している。待合の主婦の語りとして、「主婦はなほ売春婦を送る事につき、軍部と内地警察署との聯絡《れんらく》その他のことをかたりぬ……軍人政府はやがて内地全国の舞踏場を閉鎖すべしと言ひながら戦地には盛に娼婦を送り出さんとす。軍人輩の為すことほど勝手次第なるはなし……」。軍人を日本男子と置き換えれば前記の証明になるのではないか。

女性活躍担当大臣誕生

　平成二十六（二〇一四）年九月、安倍改造内閣が発足した。注目すべきは女性閣僚が五人誕生したことだ。今後、女性閣僚が政治力を如何様《いかよう》に発揮するか手腕が期待されたが、一カ月も経たないうちに異常な事態が発生してしまった。なんとも嘆かわしい話である。

　二人の女性大臣に選挙違反疑惑が浮上した。また、三人が靖国神社に参拝し、隣国が最も嫌う歴史認識上の問題を再燃させた。日本国の弱点は、歴代の政府首脳の交代が激しいことである。一年交替が何年続いたことだろう。また、隣国と歴史認識上の問題を度々再燃化し、外交上の拙劣さを露呈することだ。男中心・世襲議員の多い国会議員、自国の利益より自己の政治信念に酔い、民主主義国家の選良としての政治家の役割を失念している。「法の支配」を主張しながら日本国憲法を歪め、国民に多くの負担を強いながら、我が身を削ることをしない。そして、女性と子供に対する施策が先進国中脆弱で最低である。

　いつの頃からか、女生登用の機運が生じ、今では、女性の管理監督者がわずかではあるが登用され、良い実績を上げている分野もある。最近、銀行・証券会社で働く女性たちと接し、男性に比し弁舌も優れ、応対も洗練され、よく勉強していることが分かった。

　それなのに、期待された女性大臣の行動が拙劣なのは何故だろう。このところ、山川菊栄*の庶民生活史とも言うべき「武家の女性」他の著作に触れる機会があり、多くの示唆を受けている。徳川幕末期の生きにくさの激しい時代に「力強く生き通して、はるかに明るく、生きよい時代の土台をつくっていった前代または前々代の親愛なるおばあさんたち……」の生き様――江戸末期の儒教道徳に抑制を強いられた武家女性達の逞しい生き方――を遅まきながら復習することも大切ではなかろうか。

＊山川菊栄（一八九〇～一九八〇）。女性運動家。戦前女性解放運動で活躍。戦後、新設の労働省婦人少年局長となる。「武家の女性」「わが住む村」「おんな二代の記」「覚書　幕末の水戸藩」などの著作がある。幕末の女性像が活写されている。

少年と暴力

東京でまた、中学三年生三名が暴力行為（失神ゲーム）を働いて逮捕された。動機は「ストレスのはけ口」だった。最近、学校内外で暴力をふるう事例が増えているという。校外でしばしば眼にする、悪ふざけをよそおい巧妙に暴力行為を働く中高生の姿だ。注意しても言い逃れの術を心得ている。民間人による注意の難しさだ。

戦後、教育熱心な「ママゴン」なる新人類が登場した。江戸時代の文献にしばしば登場するのは、現代風で言えば「パパゴン」である。武士階級ばかりか、町人の父親も結構我が子の教育に熱心であったというのだ。強固な身分制社会であった故に、ことに長子には家督を継がせる必要上厳しく教育したようだ。

そして、感心させられるのは、学問ばかりか礼儀作法から生き方まで仕込んだことだ。貝原益軒「和俗童子訓」*（宝永七＝一七一〇）の早期教育論は必見である。「人と交わるに温恭《おんきよう》（おだやかで慎み深いこと）の心構えを失わぬように躾《しつけ》よ」「およそ人の悪徳は、矜《ほこる》なり（傲慢の事）」を戒めている。教育方法・内容に男女差はあっても、女子教育の重要性を強調している点は見逃せない。寺子屋教育で興味深いのは、師匠が年長児を己の補佐にし、年少児の面倒をみさせていたことだ。感化教育の典型といえよう。

現代の教育事情をみるに、学力の育成により傾斜し、人格育成が随分と等閑視されていないだろうか。昨今、気になるのは保護者や教育者の子供に対する暴力である。家庭内暴力、校内暴力のなんと多いことか。家庭にあっては、温恭を欠いた親たちの物言いの険しさ、学校にあっては、子供の心に寄り添うことを忘れ、傲慢な態度で接する教師の多いことに驚かされる。こうしたことが暴力の元凶となっていないか心配である。暴力を受けた子供たちは、理不尽な暴力にじっと耐えるか、持って行き場のない感情を他に向けて発散するかして、解消を図るほかないであろう。少年暴力の根に、親や教師の人格形成上の欠陥や愛情の欠損を感じてならない。由々しき問題と言わざるを得ない。暴力をふるう少年もまた愛の教育の補講が不可欠である。

＊益軒には、「天地・父母の一環としてのこの身。人身は貴くして天下四海にもかえがたし」ではじまる「養生訓」（一七一三）がある。「和俗童子訓」（一七一〇）では、教育は早期より始めよと主唱している。

鬼畜

平成二十六（二〇一四）年七月三十日、西東京市で中学二年の由衣翔君（十四）が首つり自殺した。無職の義父（四十一）は日頃から同君を虐待＊していたことにより、傷害容疑で逮捕・起訴されるという事件があった。後になって、自殺教唆で再逮捕されている。由衣翔君の自殺の動機は、執拗な身体への傷害のほか、「二十四時間以内に首でもつって死んでくれ」との自殺教唆がなされていたこと、「息が臭い、食事以外はマスクをつけろ」との心理的虐待も加えられていたことが考えられている。義父は虐待の露見を怖れて自宅監禁・登校を禁じたうえに、性的虐待の疑いも浮上してきた。さらに、実母にも由衣翔君に暴力を加えるよう強要していたという。まさに、鬼畜的な所業と断じてよいだろう。

日本の男は、概して律儀、仕事の責任感が強く、寡黙でごまかしが少ない。この義父はどんな性向の持ち主だったのだろうか。

彼はどのような人生を歩んできたのだろう。残酷な性格がどのようにして形成されたのだろうか。実母は、この鬼畜のような男とどのようにして出会ったのか。子供をしつけることは一筋縄ではいかないし、多くの困難がつきまとう。躾の困難が人を鬼畜に変貌させた例は今までもあった。が、今回の虐待事件は、義父の性格・性癖が生んだ悲劇と思えてならない。

片親家庭になった原因はなんであれ、最近では子連れの再婚が目立っているという。継父・継母と子との新しい人間関係をつくるのはとかくに難しい。養育者には新しい伴侶を求める際、子供との相性を真剣に考慮するだけの気配りをして欲しいものである。

さらに、由衣翔君の不幸は、彼が通っていた中学校の不適切な対応にも一因があった。

学校は同君の身体の傷害に気づいていながら、児童相談所への通告を怠り、また不登校状態にあったにもかかわらず一度も家庭訪問をしていなかったのである。子を愛護・教育すべき教育者としての資質を厳しく問わねばならないであろう。由衣翔君の死は愛護すべき大人の無慈悲な行為と教育者の注意義務を怠った結果もたらされた不幸といえないこともない。

＊児童虐待の防止等に関する法律（平成十二＝二〇〇〇）では①身体的虐待、②性的虐待、③監護を怠るネグレクト、④心理的虐待を禁止している。児童の人権を著しく侵害し、その心身の成長及び人格の形成に重大な影響を与えているもの。児童虐待の防止に関する国及び地方自治体の義務、児童虐待を発見した者は、すみやかに福祉事務所・児童相談所に通告する義務などを定めている。

殺人願望

あの酸鼻を極めた「神戸児童連続殺傷事件」（平成九＝一九九七。酒鬼薔薇聖斗）も、すっかり風化してしまった。事件の第一報が報じられたとき、国民の大半が日本の社会に巣食う教育・社会病理の存在に気づいたはずであった。しかるに、加害少年（十四）が「解離性性同一障害等の重篤な精神障害が生起する可能性もある」（神戸家裁審判要旨）を知るや、また識者による「現代日本の社会ではきわめて例外的にしかおこらない希有な事件」（福島章「さかきばら少年の精神医学」『犯罪と非行』日本みらい財団）との意見に誰もが納得し、事件を忘却の彼方に追いやってしまった感がある。私は、この事件が希有なものでなく、現代日本の社会に巣食う教育・社会病理が直接的・間接的原因と考えていた。何故なら、この加害少年は少年期の初め既に神経症的な症状が出始めていた。受診した精神科医から心理的治療の必要を言われたにもかかわらず、放置された経緯が存在したからである。この少年にとって、不幸の序奏ではなかったか。

この事件以降、酒鬼薔薇聖斗を模倣し、「人を殺してみたい」を動機とした事件が時々起きるようになった。そして、人・動物虐待、ストーカー殺人、不特定の女性強姦殺害・無差別殺傷事件へと負の連鎖が始まったように思う。

何故こうも無慈悲に安易に人を殺害できるのだろうか。日本人の心の底に潜む抑えがたい攻撃的衝動が存在するのかもしれない。そう思わずにはいられない。高度経済成長を体験した日本人は、働くことに熱中して家庭を顧みなくなった。そのため、親と子供との接触は極めて減少していった。高度経済成長は家庭の形態を変化させたばかりか、家庭機能

（養育・教育）をも変容させてしまった。致命的なのは夫婦・親子及び隣人・子弟間のコミュニケーションが粗末となったことだ。道徳・規則いや憲法までねじ曲げ、惻隠《そくいん》の情さえ忘れ、無責任で傲慢な気風が日本人の心を支配しはじめたことと軌を一にしている。こうした社会現象と子供の心に生じた殺人願望とは無関係ではあるまい。

輝ける人間の生命

表題の言葉は民俗学者の宮本常一*から拝借した。彼は、日本全国のいわゆる僻地《へきち》といわれるところまで足を延ばし、そこに生きる人々の生き様を掬《すく》い上げた人である。離島に生きる人々のなかには、現代の人以上に民主的な方法で村民の意志を決定していたことが判明した。如何に離島の生活が困難でも、その地に生きる人々の命は輝いていたのだ。その反面「輝ける命」が奪われている悲惨を書き留めている。最近、生命を軽視する風潮がはびこっているように思えてならない。毎日のように凄惨な殺傷事件や自然災害による無念の死傷事故が報じられる。前者は、個人の感情、欲望のおもむくままに残忍な仕方で行為に及ぶ例であり、後者は、人災の要因にも加わった不幸な自然災害事例が多いことに気づかされる。自由で便利な都市生活の中でその地に生きる人々の命はかえって危険に満ちており、民主的な生き方が否定され、民意が損なわれかねない危機的状態にある。

日本の歴史の中で、第二次世界大戦中ほど人間の命が安易に扱われた時代はかってなかったであろう。戦後、日本国民は自由・人権尊重の憲法の理念を大切に、民主主義を広く定着しようと努力してきた。その努力にもかかわらず、いつの間にか戦前へ回帰したがる社会的風潮が蔓延しだした。と同時に、安易に命が奪われるようになった。残酷な児童・老人・障害者虐待は後を絶たない。ストーカー殺人、いじめ・自殺、幼女拉致・殺害など生命が無残に踏みにじられるようになった。自殺者が年間三万人を超える悲劇も枚挙に暇《いとま》がないほどである。命は輝きを失い、無残に命が奪われていく不幸の連鎖を何とかして断ち切る必要がある。

中近東などの紛争国に見られる生命・人権侵害の例は我が国の比ではない。テロの行為に脅《おび》え、国を捨て流浪を続ける多くの民族が存在する。こうした悲惨な出来事をなくすために日本民族にできる唯一の道がある。

そして、今こそ命を輝かせる時ではなかろうか。日本民族が懸命に自国民の生命・人権を尊重し、平和で安心・安全な国づくりに努め、同時にその余力をもって紛争国に人道的な援助を惜しみなく、誠実に為す、これは国是でもある。

我々は現状の実情を顧みて、子供たちに人権教育を真剣に強固に行う必要がある。一例として、国連NGO横浜国際人権センター**が行っている人権教育の結果を見ると、子供たちが素直に人権教育の真意を感受している様がよく分かる。「鉄は熱いうちに打て」と言うが、これは、言うまでもなく教育の鉄則であろう。次代を背負う子供たちに、「輝ける人間の生命」観を植えつける絶好の機会が到来したのだ。

* 宮本常一著作集35「離島の旅」。
** センターが行っている活動に「人権移動教室」がある。この人権移動教室では、日本の医師達が人道援助を行っている「アムダ」の活動を通して、命の大切さについての講演を行っている。この活動は、同センター発行の冊子「語る・かたる・トーク」に抄録されている。

児童虐待の一因――「子殺し」の系譜

児童虐待、「間引き」、「子殺し」を通じてみる戦前までの日本人の妊娠、出産、育児をめぐる意識の変遷は興味深い。

児童虐待は今に始まったことではない。「日本書紀」の天武天皇五（六七六）年に人身売買の記事が載っている。社会事業が始められた明治期にも悲惨な虐待事例が報告されている。貧困家庭の子供たちは労働者同然に酷使されたり、遊郭に売られていったり、凶作・不漁、不景気にあえいだ昭和八（一九三三）年には「虐待防止法」が施行されたが、児童愛護のキャンペーンを実施するたびに、欠食児童が増え、娘が遊郭に売られていった。

江戸時代の「間引き」の背景には貧困・困窮が厳然と存在していた。子供は「七つ前は神のうち」として取り扱われ、妊娠、出産、育児に伴う儀礼も数多く存在していた。封建領主は「間引き」を慈悲心から罪を軽くしていたが、やがて、富裕層にもこの習俗が蔓延していった。子供が多く生まれる家族に「恥」意識が生まれてきたからである。

戦前の社会事業史をひもといていたとき、昭和期の一家心中事件調査の記事が眼にとまった。昭和六（一九三一）年二月の「人道」誌（留岡幸助主筆）上である。昭和二（一九二七）年六月から五（一九三〇）年六月の三年間、全国の一家心中事件は三八九件を数えた。これは前の三年間の三〇％増、親の内訳は、母親三二三人、父親一四二人、道連れにされた子供五六九人、大半は五、六歳以下の可愛い盛りの幼子であったという。生活苦九六件、病気の苦四三件、精神異常三五件、ヒステリー二一件、家庭不和四〇件、経済的に裕福・やや安定した家族九九件、生活困窮者約五〇%などで子供の将来への不安と苦悩が幼児殺の原因とみられていた。殺害者の多くは母親であった。貧困問題よりも密着した母子一体感が母子心中を特徴づけ、「間引き」同様憐憫《れんびん》の対象にしていた様子がうかがえる。

このように過去、児童虐待、「間引き」、「子殺し」の背景には常に社会問題が深く関わっていた。人々もその意識から憐憫の情を注ぎ、罪の意識から免れていた。それが戦後、妊娠、出産、育児が家庭内における私事的行為との風潮が強まり、人々は家庭への他人や国家権力の介入を嫌うようになっていった。「児童憲章」制定（昭和二十六＝一九五一）後、憲章の理念を嘲《あざ》笑うかのように母子心中、虐待事件、捨て子が相次いだ。母子心中では母親のノイローゼが原因の大半であった。殺害者の母親に対して、世間は母性性の喪失に驚き、未成熟な母親の出現を嘆いたが、母親や家庭を強力に支援する政策は彌縫策《びほうさく》の域を出ることはなかった。児童権利擁護の理念が国家、国民に深く根づいていない社会問題が背景にあったことがうかがえる。国連採択の「児童の権利に関する条約」の批准（一九九四）の遅れがそれを象徴的に示している。このようにして、妊娠、出産、育児が家庭内に閉じ込められ、母性本能を理由に育児の責めを母親に押しつけ、かくて家庭が社会から乖離《かいり》していった。個人もまた「個人主義」「自由の謳歌」「中絶天国化」の風潮に流され、もちろん児童愛護精神の希薄化も加わって、「子殺し」や虐待ケースがひそかに増大していった観がある。児童虐待が戦前期以上に増大した要因に、妊娠、出産、育児の密室化、自己愛社会*が考えられる。また、少子化の原因の一つにもなったのではないか。妊娠、出産、育児を家庭内の私事として密室内に閉じ込めてはならないと思う。当然のこと、母親だけに労苦を押しつけてもいけない。父親もきょうだいも、近隣社会も国家も育児に積極的に参加してこそ、つまり「児童愛護」の精神の横溢《おういつ》した社会の実現――自己愛社会からの脱出――が虐待防止につながると思う。心中も虐待も子供の人権を奪うこと、子殺し・傷害が犯罪行為という事実から目を背けてはなるまい。いつの時代も子殺しの主役は圧倒的に母親であった。子供を抱えた社会的弱者に冷たい国家・社会は精神的に貧しいといえよう。人は誰でも子供を生めば父親、母親となれるが、父親、母親となる準備、育児に関する知識・養育技術、社会資源活用の学習が伴わなければ心身の健康な子供に育てることができない。犬猫のように子育てが本能だったらよいのだがそうはゆかないのである。虐待、「子殺し」を防止するためには、国家があらゆる社会問題の改善に本腰を入れること、学校・社会教育に生命の尊厳性を教える倫理教育に加えて、妊娠・出産・育児教育も必修にしてもよいぐらいである。家庭と社会の密接な結びつきがなければ、子供は育たないとあらためて覚悟すべきである。

＊小此木啓吾「自己愛人間」（一九八一）……自己愛社会とは、利己主義、物質主義、拝金主義、理念と夢の喪失の社会状況を指す。

おわりに

少子高齢化が進む中で、児童および高齢者の教育・介護に伴う深刻な問題が発生しています。ことに、児童虐待・いじめ自殺、介護困難から老親を肉親が虐待・殺害・放置する悲劇など児童・高齢者をめぐる不幸に歯止めがかからない状況にあります。

このような社会問題の発生は、福祉施策の不十分なことより以上に、日々の生活に潜む人間関係の貧しさ、コミュニケーションの拙劣さ、人の心に関わる知識の乏しさ、共感感情の欠如によることが多いと思うのです。こうした問題の解決には、一義的には政治・行政の力に負うところが多いことは言うまでもありませんが、生活上では、人間相互の愛情の剥奪・欠損――愛・慈心の欠如――によります。

かって、日本人は、児童への愛・慈を施した人たちがいたことを思い返してみたいと思います。

この小論集は六年前に書いたものですが、我が意をお酌み取りいただき児童・高齢者問題の解決の一助にしていただければ幸甚です。

聖徳大学時代の同僚、佐藤加奈さんの力添えがなかったらこの書の出版を実現できませんでした。感謝いたします。

二〇二〇年五月吉日
厚木の里にて

市川隆一郎

市川隆一郎（いちかわ・りゅういちろう）

1933年東京生まれ。臨床心理学専攻。神奈川県相模原児童相談所長、神奈川県立国府実修学校長を経て、聖徳大学人文学部社会福祉学科教授。関東歯科衛生士専門学校講師。専門は臨床心理学、社会心理学、社会福祉援助技術。著書に『良寛』（相模書房）『子供たちからの警告 I・II』（相模書房）『高齢者の性愛と文学』（水曜社）など。

手《て》をつなぎあえる社会《しゃかい》に
――子供たちからの警告 III

発行日　二〇二〇年七月九日　初版第一刷発行

著者　市川 隆一郎
発行人　仙道 弘生
発行所　株式会社 水曜社
〒160－0022 東京都新宿区新宿一－一四－一二
電　話　〇三－三三五一－八七六八
ファックス　〇三－五三六二－七二七九
URL：suiyosha.hondana.jp/

装幀・DTP　小田 純子
印刷　日本ハイコム 株式会社

ISBN978-4-88065-485-0 C0036